I0341790

www.ingramcontent.com/pod-product-compliance
Lightning Source LLC
Chambersburg PA
CBHW050310010526
44107CB00055B/2183
* 9 7 8 0 6 4 5 5 8 7 0 3 6 *

عمرہ و حج

عشق سے قرب کا سفر

حضرت شیخ محمد ہمایوں حنیف نقشبندی مجددی دامت برکاتہم العالیہ

عمرہ و حج
عشق سے قرب کا سفر

Second Edition: 2022
PUBLISHER
Maktaba Islahenafs, Karachi, Pakistan
www.islahenafs.org
Email: info@islahenafs.org
Phone: +92 321 2172484

AVAILABLE IN PAKISTAN
MAKTABA ISLAHENAFS
Phone: +92 321 2172484

AVAILABLE ON AMAZON
USA & CANADA, INDIA, UNITED KINGDOM
AUSTRALIA, FRANCE, ITALY, SWEDEN,
NETHERLANDS, POLAND, SPAIN, DENMARK

فقہی مسائل
مولانا مفتی عبد الحمید دامت برکاتہم
نائب مفتی، دار الافتاء
جامعہ العلوم الاسلامیہ، بنوری ٹاؤن، کراچی

All rights reserved by Maktaba Islahenafs, aside from fair use, meaning a few pages or less for non-profit educational purposes, review, or scholarly citation. No part of this publication maybe reproduced, stored in a retrieval system or transmitted in any form or means, electronic, online, mechanical, photocopying, recording or otherwise, without the prior permission of the copyright owner.

02

فہرست مضامین

نمبر	مضمون	صفحہ	نمبر	مضمون	صفحہ
1	باطن کی اہمیت	3	14	حاضری کے آداب	81
2	حج وعمر کا بنیادی مقصد	10	15	ایک عمل ریاض الجنتہ	93
3	سفر کی تیاری	18	16	حج وہ جو زندگی بدلے	98
4	ہدیہ لے کر جائیں	26	17	عشق الٰہی سے قرب الٰہی کا سفر	100
5	سوچ کا زاویہ	32	18	اللہ کو اللہ سے اللہ کے لیے مانگ لیں	110
6	سفر کی مشقت	33	19	این سعادت بزور بازو نیست	115
7	احرام کی حقیقت	38	20	اللہ سے باتیں	118
8	سفر کا آغاز	40	21	حج وعمرے کے مسائل	121
8	عمرہ کی ادائیگی	48	22	بغیر احرام کے میقات۔۔۔	126
9	روحِ بلالی	54	23	حج وعمرہ کے افعال	128
10	مدینہ منورہ حاضری	63	24	عمرہ کا طریقہ	134
11	نبی کریم صَلَّی اللّٰہُ عَلَیْہِ وَسَلَّم کی میزبانی	69	25	حج کے فرائض	144
12	آدابِ مدینہ منورہ	73	26	حج کے واجبات	145
13	مسجدِ نبوی میں حاضری	78	27	مسنون دعائیں	177

بِسْمِ اللّٰهِ الرَّحْمٰنِ الرَّحِيْمِ

اَللّٰهُمَّ صَلِّ عَلٰى سَيِّدِنَا مُحَمَّدٍ وَّآلِهٖ وَعِتْرَتِهٖ بِعَدَدِ كُلِّ مَعْلُوْمٍ لَّكَ.

باطن کی اہمیت

اللہ کے عاشقوں کی نظر میں حج وعمرہ کا سفر اپنے بیت سے بیت اللہ کو جانا ہے، یعنی اپنے گھر سے اللہ کے گھر کی طرف جانا ہے، اپنے نفس کو چھوڑ کر اللہ کی طرف جانے کا عمل ہے۔ یہ کوئی معمولی عمل نہیں ہے، یہ وہ عمل ہے جہاں ایک مسلمان تہیہ کرتا ہے کہ جس طرح میں نے اب تک زندگی گزاری وہ اب چھوڑ کر اپنے اللہ کی طرف ہجرت کرتا ہوں۔ مثال کے طور پر احرام ہے، اس میں صرف دو چادریں ہیں، چاہے اس شخص کی مالی حیثیت کیسی بھی ہو۔ اللہ پاک کا حکم ہے کہ صرف دو کپڑوں میں آؤ۔ جب اللہ کے آگے ایک حاجی ہاتھ پھیلاتا ہے، تو اللہ پاک یہ

نہیں دیکھتا کہ میرا یہ بندہ مکتب ایک میں ہے یا مکتب ایک سو ایک میں ہے، میرا یہ بندہ فائیو سٹار ہوٹل میں ٹھہرا ہے یا نہیں۔

اقبال کا شعر ہے:

جو سر بہ سجدہ ہوا کبھی تو زمیں سے آنے لگی سدا
ترا دل تو ہے صنم آشنا تجھے کیا ملے گا نماز میں

یہی حال ہمارے حج کا ہے، دو تین یا اس سے بھی زیادہ حج کر لیتے، ہیں لیکن ہماری زندگی میں کوئی تبدیلی نہیں آتی۔

اللہ پاک فرماتے ہیں کہ جیسے اعمال میرے پاس آتے ہیں میں ویسے فیصلے کر دیتا ہوں۔ نیک اعمال آتے ہیں تو مخلوق کے لیے میں خیر کے فیصلے بھیج دیتا ہوں۔ جب شر کے اعمال آتے ہیں تو پھر شر کے فیصلے صادر ہوتے ہیں۔

حدیث شریف ہے: جس کا مفہوم ہے کہ ''تمہارے اعمال تم پہ حاکم ہیں''۔ جب قوم بدکار اور گنہگار ہو جاتی ہے تو، اللہ پاک اس پر ظالم

حاکم مسلط کر دیتے ہیں۔آج کل ہم اعمال کی رسومات تو پوری کر رہے ہیں مگر اللہ کے فیصلے ہماری موافقت میں نہیں آتے۔اس کی بنیادی وجہ یہ ہے کہ جیسے اعمال اوپر جاتے ہیں، ویسے حالات آتے ہیں۔

علامہ اقبال کا شعر ہے:

دل پاک نہیں تو پاک ہوسکتا نہیں انساں
ورنہ ابلیس کو بھی آتے تھے وضو کے فرائض بہت

بخاری شریف کی حدیث ہے: ''اِنَّمَا الْاَعْمَالُ بِالنِّیَّاتِ''

مفہوم ہے کہ اعمال کا دارو مدار نیت پر ہے۔ظاہری عمل کے ساتھ جب تک باطن نہیں ہوتا عمل میں روح نہیں آتی، بالکل ویسے ہی جیسے انسان کے بدن سے روح نکل جائے تو پھر یہ کسی کام کا نہیں رہتا۔اسی طرح اگر ہم اپنی زندگی میں دیکھیں تو ہم نے باطن کو نوے فی صد نکال دیا ہے۔جس طرح ایمان کے لیے زبان سے اقرار اور دل سے گواہی ضروری ہے، اسی طرح اعمال میں ظاہری

عمل کے ساتھ اخلاص بھی ضروری ہے۔ ظاہر اور باطن کو جدا نہیں کیا جا سکتا اور اس کی مثال جسم اور روح کی مانند ہے۔ حقیقت میں جب جسم کے اندر سے روح نکل جاتی ہے تو جسم کی کوئی وقعت نہیں رہتی۔ ایک آدمی کتنا ہی کامیاب بزنس مین ہو، کیسا ہی بڑا عالم ہو، کتنا ہی اعلیٰ مصور ہے یا صاحبِ مرتبہ وصاحبِ علم ہے مگر جب اس کے جسم سے روح نکل جاتی ہے تو ہم یہ نہیں کہتے کہ فلاں صاحب لیٹے ہوئے ہیں، ہم کہتے ہیں کہ فلاں صاحب کی میت ہے۔ اس شخص کے جسم سے صرف روح نکلی ہے، ظاہری وجود باقی ہے، صرف باطن نہیں ہے۔ باطن کتنا قیمتی ہے، اس کا ہمیں ادراک ہی نہیں ہے۔

منافق کون تھے جو زبان سے اقرار کرتے تھے، نماز بھی پڑھتے تھے، جہاد میں بھی شریک تھے، ظاہری اعمال پورے کرتے تھے مگر ہم ان کو صحابہ نہیں کہتے، ہم ان کو منافقین کہتے ہیں۔ عبداللہ بن اُبی کو ہم رئیس المنافقین کہتے ہیں حالاں کہ مدینہ کا مکین تھا۔ اس نے

نبی کریم ﷺ کی صحبت بھی اٹھائی، بظاہر کلمہ بھی پڑھا تھا، مدینہ میں دفن ہوا۔ ظاہر میں تو وہ ایمان لایا تھا لیکن اللہ پاک کے نزدیک وہ مؤمن نہیں بلکہ منافق تھا کیوں کہ ایمان کے لیے زبان سے تصدیق کے ساتھ دل سے تصدیق بھی شرط ہے۔ یہاں تک کہ اگر ایک شخص زبان سے کچھ نہیں کہتا مگر قلب سے تصدیق کر لیتا ہے تو وہ مسلمان ہو گیا۔ کسی بھی عمل کے لیے دل کی حاضری ضروری ہے۔

اس کی مثال نماز کی نیت سے سمجھتے ہیں۔ نماز میں نیت کے لیے زبان سے ادائیگی ضروری نہیں ہے مگر دل کا حاضر ہونا ضروری ہے۔ زبان سے آپ کی یہ نیت ہے کہ ظہر پڑھ رہے ہیں اور دل میں آپ کا پورا ارادہ ہے کہ میں عشاء پڑھ رہا ہوں تو فقہاء کے نزدیک نماز نہیں ہوئی کیوں کہ آپ کی نیت ٹھیک نہیں تھی۔ اس کے برعکس ایک شخص اگر ظہر کی نماز کے لیے کھڑا ہوا، اس کی نیت اور دل کا ارادہ ظہر پڑھنے کا ہے مگر اس کے منہ سے غلطی سے یہ نکل گیا کہ

میں عشاء کے لیے کھڑا ہوں، تو فقہاء کے نزدیک ظہر کی نماز ہو جائے گی۔ اس بات سے نیت کی اہمیت واضح ہو جاتی ہے اور یہ ثابت ہوتا ہے کہ اعمال کا وزن باطن کے بغیر نہیں بنتا۔

اللہ پاک قرآنِ پاک میں فرماتے ہیں: ''وَالَّذِينَ آمَنُوٓا اَشَدُّ حُبًّا لِلّٰہِ'' جس کا مفہوم ہے کہ'' ایمان والے اللہ سے شدید محبت کرتے ہیں''۔ یہ نہیں کہ ایمان والے بہت تعداد نوافل کی پڑھتے ہیں، بہت سجدے اور رکوع کرتے ہیں۔ وہ کرنا انتہائی ضروری ہے، اس کی اہمیت کو کم نہیں گردانیں، لیکن دل کی اہمیت کو بھی سمجھیں۔ آج کل ہم نے شریعت کے باطن کو بالکل نظر انداز کر دیا ہے، نبی کریم ﷺ کی سنتوں کے باطن کو مکمل طور پر بھلا دیا ہے۔ ظاہر کو تو شاید کچھ درجے اپنا لیا ہے مگر باطن کو اہمیت نہیں دیتے۔ معاملہ یہاں تک ہو گیا ہے کہ ہم باطن کے جذبے سے واقف ہی نہیں ہیں۔ ہم صرف ظاہر کو سامنے رکھتے ہیں، باطن

پر کوئی توجہ نہیں ہوتی، نتیجہ یہ ہوتا ہے کہ اعمال کا درجہ بہت ہلکا ہوجاتا ہے۔ جیسے فضائل اعمال میں لکھا ہے کہ بعض نمازیوں کی نماز ایسے ہوتی ہے کہ وہ پڑھ لیتے ہیں لیکن اس کو پرانے کپڑے کی مانند لپیٹ کے اس کے منہ پر مار دیا جاتا ہے۔

حالاں کہ ظاہری نماز تو ادا کی لیکن اس نماز میں خشوع و خضوع، توجہ اور دل کی حاضری نہیں تھی جس کے نتیجہ میں نماز رد ہوگئی۔ نمازی نے بظاہر نماز پڑھ لی مگر باطن، اخلاص اور نیت کی درستگی کی اہمیت کو سمجھا ہی نہیں اس لیے اللہ کی خوشنودی حاصل نہ کر پایا۔ ہم تو بہت احسان کرتے ہیں کہ نماز پڑھ لی مگر نہ تو ہمارے اندر اخلاص ہے اور نہ خشوع و خضوع۔ اگر ہم خود اپنی نمازوں کو ٹٹولیں کہ نماز کے لیے مسجد میں کتنا حاضر ہوتے ہیں، کبھی مسجد جا کر نماز پڑھ بھی لیں تو ہمارا ظاہر وہاں پہنچ جاتا ہے مگر قلب حاضر نہیں ہوتا۔ اللہ پاک کے ہاں خوشنودی قلب کی کیفیت پر منحصر ہے۔ مگر یہ بات طے

ہے کہ ایک آدمی نماز ہی نہیں پڑھتا اور کہتا ہے میرا قلب حاضر ہے تو یہ آدمی جھوٹا ہے۔ جس کے دل میں اللہ کی محبت ہے اس کا ظاہری عمل بھی ہوگا اور اس کا باطن بھی اخلاص کے ساتھ اس عمل میں شامل ہوگا۔ ظاہر کے بغیر باطن ممکن ہی نہیں ہے اور باطن کے بغیر ظاہری عمل میں وزن نہیں آتا، بالکل ایسے جیسے جسم اور روح کی مثال۔

حج وعمرہ کا بنیادی مقصد

حج وعمرہ بہت بڑا عمل ہے اور اللہ پاک کو بہت محبوب ہے۔ حدیث شریف کا مفہوم ہے کہ حج اور عمرہ سے رزق میں برکت ہوتی ہے۔ ایک اور حدیث شریف جس کا مفہوم ہے کہ ایک زمانہ ایسا آئے گا کہ ایک طبقہ نام و نمود کے واسطے حج اور عمرہ کیا کرے گا۔ کچھ لوگ اس واسطے حج کریں گے کہ حاجی کہلائیں، کچھ تاجر اس واسطے عمرہ کریں گے تاکہ ان کی تجارت چلے۔ فکر کی بات یہ ہے کہ

ہم اس زمانے میں ہیں کہ ہم ظاہری حج و عمرہ کرتے ہیں، وہی کعبہ کے سات چکر، وہی صفا و مروہ کے سات چکر۔ مگر اللہ کے رسول ﷺ کا فرمان ہے کہ نیت ٹھیک نہیں ہوگی اور یہی ہمارا حال ہے۔ جب کہ اللہ پاک قرآن پاک میں فرماتا ہے کہ وہ نیت دیکھتا ہے جیسا کہ قرآن میں ہے کہ تم جو قربانیاں دیتے ہو اس کا خون اور گوشت نہیں، بلکہ نیت اللہ پاک کو پہنچتی ہے۔

آج کل جب ہم عمرہ پر جاتے ہیں تو چاہتے ہیں کہ تعداد زیادہ سے زیادہ ہو لیکن کبھی ہم نے یہ سوچا ہے کہ اس سفر کا مقصد کیا ہے اور ہمارے اندر کوئی تبدیلی آئی یا نہیں؟ کچھ لوگ تو بڑے فخر سے بتاتے ہیں، جی دیکھیں ہم تو ویسے کے ویسے ہی ہیں۔ کسی کی نیت ہوتی ہے کہ کاروبار بھی ہو جائے گا اور عمرہ بھی کر لیتے ہیں۔ اس میں حرج نہیں ہے لیکن اللہ پاک فرماتا ہے، میں سارے شریکوں میں سب سے زیادہ غیور ہوں، میں شرک برداشت نہیں کرتا، جب کسی

کی یہ نیت ہو کہ میرا کاروبار ہے اس کے ذیل میں حج وعمرہ کرلوں گا تو یہ ٹھیک نہیں ہے۔ یہ ہی نہیں بلکہ ہمیں جانے سے پہلے سب سے زیادہ فکر یہ ہوتی ہے کہ بہترین ہوٹل اور کھانے کا بندوبست ہو۔ آپ کسی سے پوچھیے گا کہ کیسا رہا آپ کا حج وعمرہ کا سفر؟ جواب ہوگا، ماشاءاللہ بہت مزہ آیا، بہترین ہوٹل ملا، اتنے قسم کے کھانے تھے، بہت سہولت تھی، مدینہ منورہ میں تو پورا حرم ائیر کنڈیشنڈ تھا۔

کسی سے پوچھو کہ بھائی یہ تو ضروریات تھیں اچھا کھانا، اچھی رہائش مقصد تو نہیں تھا، کس واسطے حج وعمرہ گئے تھے؟ جواب ملے گا کہ حج فرض ہے اس لیے گئے تھے۔ کوئی کہے گا کہ کم از کم حج کا فرض تو ادا ہو گیا۔ اگر عمرہ کے لیے گئے تھے تو کہتے ہیں جی برکت کے لیے گئے تھے، یا یہ کہ ثواب ملے گا۔ بیشک نیکی کا کام ہے، برکت بھی ہوگی، ثواب بھی ملے گا لیکن کیا اس سفر کی صرف اتنی ہی حقیقت ہے؟ اللہ کا حکم ہے، بیشک حج فرض ہے مگر کیا صرف ٹک

مارک کروانے گئے تھے؟ ہم صرف ظاہر کو دیکھتے ہیں۔ واپس آکر کوئی نہیں بتائے گا کہ میری طواف میں کیا کیفیت تھی؟ حرم میں کیا کیفیت تھی؟ مدینہ منورہ میں کیا خوبصورتی تھی؟ ہاں خوبصورتی بتائے گا تو یہ بتائے گا کہ حرم سے ہم نکلتے تھے تو باہر فوارے لگا دیے ہیں۔ حرم میں بہت اعلیٰ بندوبست کر دیا ہے۔

جن کو یہ سعادت نہیں ملی ہے اور وہ حج و عمرہ پر جانا چاہتے ہیں، ان کے لیے بزرگوں کا آزمودہ عمل ہے کہ جس کو حج یا عمرہ کی خواہش ہو تو ہر فرض نماز کے بعد ایک بار تلبیہ پڑھ لے:

لَبَّيْكَ اللّٰهُمَّ لَبَّيْكَ، لَبَّيْكَ لَا شَرِيْكَ لَكَ لَبَّيْكَ، اِنَّ الْحَمْدَ، وَالنِّعْمَةَ، لَكَ وَالْمُلْكَ، لَا شَرِيْكَ لَكَ.

یہ آنکھوں دیکھا حال ہے کہ اللہ کے فضل سے اسباب اللہ پاک خود بنا دیتے ہیں۔ اس سفر کے ارادہ سے پہلے، اپنی نیت ٹٹولیں کہ اس سفر پر آپ کیوں جانا چاہتے ہیں؟ مقصد کاروبار ہے، آؤٹنگ،

دکھاوا کہ لوگ کہیں کتنا نیک بندہ ہے یا بس فرض ہی پورا ہو جائے۔ اکثر ہوتا ہے کہ جیسے حج وعمرہ کے سفر پر جاتے ہیں ویسے ہی واپس آجاتے ہیں، کوئی تبدیلی نہیں آتی۔ اتنا بڑا عمل اور انسان کے اندر تبدیلی نہ آئے؟ اس کی وجہ یہی ہے کہ ظاہر تو پورا کر لیتے ہیں، لیکن باطن کا حسن حاصل نہیں ہوتا۔ پہلے لوگ حج وعمرہ کے سفر سے زندگی بدل کے واپس آتے تھے۔

عابد بنوری بھائی، حضرت بنوری رحمۃ اللہ علیہ کے نواسے سعودی ایئر لائن میں کام کرتے تھے۔ فرماتے تھے کہ ایک زمانہ تھا، ہم خود دیکھتے تھے کہ جب لوگ حج وعمرہ کے لیے جا رہے ہوتے تھے تو ان کی آنکھوں میں آنسو ہوتے تھے اور زبان پر لَبَّیْكَ اَللّٰھُمَّ لَبَّیْكَ وہ واپس آتے تھے تو ان کی زندگی بدلی ہوتی تھی، اب تو یہ عالم ہے کہ چاکلیٹ کھاتے ہوئے جاتے ہیں اور چوئنگ گم چباتے ہوئے واپس آجاتے ہیں۔ کوئی تبدیلی نہیں ہوتی، بس حاضری لگا

کر واپس آ جاتے ہیں۔ جب ہم حج و عمرہ کے لیے جاتے ہیں تو بس ٹک مارک کر کے واپس آ جاتے ہیں۔ جتنے دن کے لیے بھی جاتے ہیں، مگر جیسے جاتے ہیں ویسے ہی آتے ہیں۔ کیا وجہ ہے کہ ہم حج وعمرہ کرتے ہیں اور ہماری زندگی میں تبدیلی نہیں آتی ؟ کیا بیت اللہ بدل گیا ہے؟ کیا کعبہ کی حقیقت بدل گئی ہے یا اللہ کی عطا میں تبدیلی آ گئی ہے؟ حقیقت یہ ہے کہ ہماری نیت بدل گئی ہے۔

ہم محض ٹک مارک کروانے جاتے ہیں، کچھ لوگ سیاحت کے لیے جاتے ہیں، کچھ نام ونمود کے لیے اور کچھ کاروبار کے لیے۔ باتیں بہت سخت ہیں مگر اب یہ وقت آ گیا ہے، حالات اتنے خراب ہو گئے ہیں کہ شاید اس سے ہمیں تنبیہ ہو جائے تا کہ ہم آئندہ کے لیے اپنی نیت درست کر لیں۔ خدانخواستہ مقصد طعن نہیں ہے، صرف یہ ہے کہ ہم آئندہ کے لیے اپنا راستہ درست کر لیں۔ اللہ پاک کے دروازے کبھی بند نہیں ہیں، اس کے دروازے ہمیشہ کھلے ہیں مگر یہ ضروری ہے

کہ ہم اپنی نیتیں صحیح کرلیں۔ الحمدللہ کئی دوست جو صحیح انداز اور زاویے سے حج وعمرہ کر کے آئے، انہوں نے بتایا کہ ہم اتنے حج وعمرے کر چکے تھے لیکن ہمیں ایسا لگا کہ پہلی بار اصل میں حج وعمرہ کیا۔
کہتے ہیں کہ:

صحبتِ صالح ترا صالح کند
صحبتِ طالح ترا طالح کند

یعنی نیک کی صحبت نیک بناتی ہے اور بد کی صحبت برا بناتی ہے۔ اس کی کیا وجہ ہے کہ ہم بیت اللہ کی صحبت، روضۂ رسول ﷺ کی صحبت اٹھا کر آتے ہیں اور پھر بھی ہماری زندگی کا دھارا نہیں تبدیل ہوتا۔ ہماری زندگی مکمل طور پر تبدیل ہو جانی چاہیے، لیکن ہم جیسے جاتے ہیں ویسے ہی واپس آ جاتے ہیں۔ حج وعمرہ کا سفر عشقِ الٰہی سے قربِ الٰہی کا سفر ہے لیکن ہماری ساری توجہ اور کوشش اس سفر کی ظاہری سہولیات اور آرام کے لیے ہوتی ہے۔ کم از کم اپنی نیت ٹھیک کر کے جائیں،

اللہ میں تیرے گھر آ رہا ہوں، میں تو یہی سفر کر سکتا ہوں، تیرے قرب کا سفر تو تو ہی طے کروا سکتا ہے۔ اللہ نے اگر آپ کو استطاعت دی ہے تو آپ بہترین رہائش اختیار کریں تا کہ اچھی عبادات کر سکیں، بہترین کھائیں تا کہ آپ میں طاقت ہو اور اچھی عبادات کر سکیں، مگر بنیادی نیت اللہ کے عشق اور اللہ کے قرب کا حصول ہونا چاہیے۔

جب کسی سے عشق ہوتا ہے تو محبت کا تقاضا ہے کہ محبوب کا قرب مل جائے۔ حج و عمرہ جو عشق والا ہو، محبت والا ہو، یہ وہ سفر ہو جو عاشق کا معشوق سے ملنے کا سفر ہو۔ مثال کے طور پر، ایک ماں کا بچہ پانچ سال سے لندن میں پڑھ رہا ہو اور ماں کو موقع ملے کہ اب تم جاؤ اپنے بچے سے ملو، تو آپ بتائیے اس ماں کو کس چیز کا جنون ہوگا! اسے یہ جنون تو نہیں ہوگا کہ وہ کس ائیر لائن سے سفر کرے گی۔ نہ اس کو فرسٹ کلاس کا جنون ہوگا، نہ اس کو اکانومی سے کوئی مطلب ہے، راستے میں وہ کیا کھانے کو دیں گے، کیا پینے کو دیں گے، اس کو فرق نہیں پڑتا۔ اس ماں کو

ایک ہی جنون ہے میں اپنے بچے سے ملوں گی۔ جس دن سے اس کو یہ پتہ چلے گا کہ اس نے اپنے بچے سے ملنے جانا ہے، اس دن سے وہ ملاقات کے لیے بے قرار ہو جائے گی، سہولیات کے لیے بے قرار نہیں ہوگی۔ وہ یہ نہیں سوچے گی کہ سفر میں کیا سہولت ہوگی، وہاں کیسے رہوں گی، وہاں کتنے بیڈ رومز کا اپارٹمنٹ ہوگا؟ میں سہولیات کے خلاف نہیں مگر اس ماں کو جیسے ہی پتا چلتا ہے کہ اس نے اپنے بیٹے کے پاس جانا ہے تو وہ دن گننا شروع کر دیتی ہے، اچھا دو مہینے رہ گئے، آج ایک مہینہ انتیس دن، آج ایک مہینہ اٹھائیس دن۔ وہ ماں اپنے بیٹے کو دیکھنے ملنے اور سینے سے لگانے کے لیے بے قرار ہو جائے گی۔

سفر کی تیاری

حقیقتاً حج وعمرے کی نیت اس وقت سے پہلے ہوتی ہے کہ آپ نے دل میں ارادہ کیا اور اپنا پاسپورٹ ٹریول ایجنٹ کو دیا۔ اگر

پاسپورٹ دینے سے پہلے ہی آپ بے قرار ہوں، دل میں تڑپ ہو اللہ سے ملنے کی، رسول اللہ ﷺ کی زیارت کی، تو پھر جس کو یہ آرزو ہوگی وہ اس کی تیاری بھی شروع کرتا ہے۔ رمضان کے لیے نبی کریم ﷺ رجب المرجب کے مہینے سے دعا فرماتے:

اَللّٰهُمَّ بَارِكْ لَنَا فِیْ رَجَبَ وَشَعْبَانَ وَبَلِّغْنَا رَمَضَانَ.

اور رمضان کی چاہت رجب المرجب سے شروع ہوجاتی۔ یہ سفر ایسا ہے کہ اس کے ارادہ کے ساتھ دل میں اللہ اور اللہ کے رسول ﷺ کے عشق اور ملاقات کی آرزو اور تڑپ کی گرمی ہونی چاہیے۔ جب آپ نے اس سفر کا ارادہ کرلیا تو پاسپورٹ، ویزہ اور ٹکٹ میں دس بیس دن لگیں گے۔ مگر آپ نے جس کے دربار میں جانا ہے، اس کی تیاری تو شروع کریں۔ ایک لڑکی جس کی شادی ہونی ہو، اس کو تین مہینے پہلے اس کی ماں کہتی ہے، بیٹی! اب دھوپ میں مت جانا، رنگ کالا ہوجائے گا۔ آخری ہفتہ آتا ہے تو اس کی ماں اس سے کہتی ہے کہ بیٹی!

اب گھر سے ہی نہیں نکلنا کسی کی نظر نہ لگ جائے۔ پھر کہیں گے، جی اس بچی کا فیشل کراؤ، میک اپ کراؤ، تیاری کرو کہ دلہن کی اپنے خاوند سے ملاقات ہے۔ لڑکی بنتی سنورتی ہے تا کہ اپنے خاوند کو پسند آجائے، اپنے بہترین لباس اور تیاری کے ساتھ، اس دن پیش ہوتی ہے کیوں کہ اسے اپنے محبوب سے اپنے خاوند سے ملنا ہے۔

اسی طرح دولہا بھی تیاری کرتا ہے کیوں کہ اس کے لیے بھی اس بات کی اہمیت ہوتی ہے، کہ وہ اپنی دلہن کو پسند آئے۔ جس دن لڑکی کی رخصتی ہوتی ہے وہ اس دن بارہ بجے سے بھی پہلے بیوٹی پارلر جاتی ہے، پارلر والے ٹائم دے دیتے ہیں کہ تم اس وقت آ جانا۔ دلہن کو تیار کر کے بھیجتے ہیں اور وہ دلہن اس تیاری کے لیے صبر سے بیٹھی رہتی ہے کیوں کہ وہ اس کے لیے ایک بہت خاص دن ہے، بہت خاص موقع ہے۔ اسے بہترین سے بہترین حُلیے میں پہنچنا ہے اور وہ اپنے آپ پہ پوری محنت کرتی ہے۔ جب آپ نے ارادہ کرلیا کہ اللہ کے

گھر جانا ہے تو کیا کسی تیاری کی ضرورت نہیں ہے؟ اللہ کی ذات تو ہر جگہ ہے، اللہ پاک قرآن میں کہتا ہے:

وَهُوَ مَعَكُمْ أَيْنَ مَا كُنْتُمْ۔ (الحدید: 5)

یعنی میں تمہارے ساتھ ہوں تم جہاں کہیں بھی ہو۔ مگر اب آپ نے اللہ کے گھر جانا ہے جہاں اس کی خاص تجلیات اور انوارات ہیں۔ آپ نے ارادہ کرلیا ہے کہ نبی کریم ﷺ کے سامنے جانا ہے تو وہاں حاضر ہونے کی تیاری بھی شروع کریں۔

اس عشق کے سفر کی تیاری وہاں پہنچنے سے پہلے شروع ہو جاتی ہے، بالکل جیسے وہ دلہن کرتی ہے۔ ہماری تیاری تو یہ ہوتی ہے، یار وہاں کے لیے کچھ شلوار قمیض لے جاؤں، چپل گم ہو جائے گی، دو چپلیں فالتو لے لوں۔ وہاں کھانے میں بڑا پرابلم ہوتا ہے ادھر سے کین بنوالوں۔ سارا زور اور اہتمام اسی پر ہوتا ہے کہ کوئی چیز رہ تو نہیں گئی۔ ضروری سامان بیشک لے کے جائیں لیکن اس سامان کو

کل سفر کا مقصد نہ بنائیں۔اقبال کہتے ہیں کہ:

سودا گری نہیں یہ عبادت خدا کی ہے

اے بےخبر جزا کی تمنا بھی چھوڑ دے

اللہ اور اس کے رسول ﷺ کے گھر جانے سے پہلے اپنا باطن تیار کریں، اپنی نیت کو ٹھیک کریں۔ اللہ پاک ظاہر نہیں دیکھتا، اللہ پاک تو دل دیکھتا ہے۔ اعمال گنے نہیں جائیں گے، اعمال تولے جائیں گے۔ اعمال میں وزن نیت سے آتا ہے، دل کے اخلاص سے آتا ہے، محبت سے آتا ہے۔اللہ پاک قرآن میں حکم فرماتا ہے:

وَالَّذِیْنَ اٰمَنُوْٓا اَشَدُّ حُبًّا لِّلّٰہِ۔(البقرۃ:165)

''ایمان والے اللہ سے شدید محبت کرتے ہیں''۔

اللہ تعالی بلال حبشی رضی اللہ عنہ کے رنگ کو نہیں دیکھتے، یہاں تک کہ وہ اَشْھَدُ کی جگہ اَسْھَدُ [ش] کی جگہ [س] بولتے ہیں۔اللہ تعالیٰ باطن کو دیکھتا ہے، ہمارے ایک حج، دو حج، پانچ عمرہ، سال میں دو

عمرہ چار عمرہ نہیں دیکھتا۔ ایک ہی حج وعمرہ ایسا کرلیں جو آپ کی زندگی بدل دے، اس میں عشق کا اتنا وزن ہو کہ وہ پورے میزان کے پلڑے کو نیچے کردے۔

اگر ہمیں کوئی بڑی شخصیت بلوائے تو ہم کیا کریں گے؟ ہم پہلے سے ساری تیاری کریں گے، انسان جب کسی بڑے سے ملنے جاتا ہے تو تیار ہو کر جاتا ہے۔ صابن سے نہا دھو کر صاف ستھرا ہوتا ہے۔ اسی طرح اللہ اور رسول ﷺ سے ملاقات کے لیے تیاری کرنی ہے۔ اس سے پہلے کہ آپ حرمین پہنچیں اپنے آپ کو پاک کیجیے۔ توبہ اور استغفار سے گناہوں کی میل کو دور کیجیے اور اپنی روح کو پاک کیجیے۔ جب حج یا عمرہ کی نیت کر لی تو دو رکعت توبہ کے پڑھیں اور اللہ سے دعا کریں کہ اللہ میں تیرے پاس آنے والا ہوں اب میں روز دو نفل توبہ کے پڑھوں گا۔ جب دو رکعت توبہ، دل کے خشوع کے ساتھ پڑھیں گے تو گناہ دھل جائیں گے۔

اللہ پاک قرآن میں فرماتا ہے، جس کا مفہوم ہے کہ ''جس نے گناہ کیا، اپنے نفس پر ظلم کیا اور پھر اس نے توبہ کی، تو تحقیق وہ پائے گا اللہ کو غفور الرحیم''۔ بس اس آیت پر یقین کرلیں اور اللہ سے مانگیں کہ اللہ تو نے کہا ہے تُو معاف کر دیتا ہے، تو نے کہا ہے کہ اللہ کو غفور الرحیم پائے گا تو اللہ مجھ کو معاف کر دے۔ استغفار کی کثرت کریں، اللہ کے سامنے گڑگڑائیں، روئیں کیوں کہ اللہ کے گھر اور نبی کریم ﷺ کے پاس حاضری ہونی ہے۔ انسان نے جب کہیں جانا ہو تو وہ صاف ستھرا ہو کر خوشبو بھی لگاتا ہے۔ روح کی صفائی کے ساتھ نبی کریم ﷺ پر درود پاک خوشبو کی مانند ہے۔ استغفار انسان کو گناہوں سے پاک کرتی ہے اور روح پر جو گناہ کی ظلمت چڑھتی ہے اس کو دور کر دیتی ہے اور روحانی طور پر درود پاک خوشبو کی مانند ہے، اس لیے درود شریف کی کثرت کریں۔

حج و عمرہ کی تیاری یہی ہے کہ پہلے سے اپنے آپ کو گناہوں

سے روکنا ہے۔ اپنے گناہوں کی گندگی کو دور کرنے کے لیے توبہ کرنی ہے۔ اگرچہ اللہ پاک ہر جگہ ساتھ ہے، لیکن حرمین شریفین میں اللہ کی خاص تجلیات ہیں، وہاں کی خاص برکات ہیں، کہیں ایسا نہ ہو کہ ہم اپنا پیالہ خالی لے کر آئیں۔ ہمیں رسول اللہ ﷺ کے سامنے پیش ہونا ہے۔

حقیقتاً سوچیے کہ آج ہم اس قابل ہیں کہ رسول اللہ ﷺ کے سامنے پیش ہوں؟ ہم سے قصور ہوئے ہیں مگر اللہ پاک غفور الرحیم ہے، وہ کہتا ہے بندے تو بہ کر پھر وہ کہتا ہے:

لَا تَقْنَطُوْا مِنْ رَّحْمَةِ اللّٰهِ۔ (الزمر: 53)

(مفہوم) اللہ کی رحمت سے مایوس نہ ہو۔

لہٰذا ہم اللہ سے توبہ کریں اور اس کی رحمت سے مایوس نہ ہوں۔ یہ لازم ہے کہ ظاہری مسائل سیکھ کر جائیں، اس کے ساتھ باطنی زاویہ اور نیت کا اخلاص بھی انتہائی ضروری ہے۔ حج وعمرہ کے سفر کی تیاری یہی

ہے کہ دل اور روح کو پاک اور صاف کرلیں۔ خود کو گناہوں سے روکنے کا ارادہ کرلیں، اور جب ارادہ کرلیا ہے تو کوشش بھی شروع کردیں۔ یہ تہیہ کرلیں کہ میں نے نظروں کی حفاظت کرنی ہے تاکہ گندگی روح پر نہ آجائے۔ اپنی زبان، آنکھوں اور کانوں کی حفاظت کا اور زیادہ اہتمام کریں، کیوں کہ اب اللہ کے رسول ﷺ کے سامنے پیش ہونا ہے۔ اللہ سے دوستی کریں اور خود کو گناہوں سے روکیں۔ اپنے آپ کو ایسا بنائیں کہ جیسا اللہ ہمیں دیکھنا چاہتا ہے۔ اگر اس خیال میں رہیں گے کہ حجر اسود پر بوسہ دیں گے تو ہمارے گناہ دھل جائیں گے، بہتر یہ نہیں ہے کہ وہاں گناہوں سے پاک ہو کر جائیں۔ پھر جب حجرِ اسود کو بوسہ دیں گے تو روح چمک جائے گی اور روح میں عشق پیدا ہو جائے گا۔

ہدیہ لے کر جائیں

جب کسی بڑے کے پاس جاتے ہیں تو ہدیہ بھی لے کر جاتے

ہیں اور خاص طور پر اگر ہمیں یہ پتہ ہو کہ ہم اپنی اوقات کے مطابق بہترین سے بہترین ہدیہ دیں گے اور جس کو ہدیہ دیں گے وہ اپنی اوقات کے مطابق ہدیہ دے گا۔ اگر وہ شخص سخی ہوگا تو زیادہ بڑھا چڑھا کر عطا کرے گا۔ اب سوال ہے کہ اللہ پاک کے گھر جانا ہے تو اللہ پاک کے لیے کیا ہدیہ تیار کر کے جائیں؟ کیا ہم اللہ پاک کے لیے کیک لے کر جائیں گے؟ ہمیں اللہ پاک کے لیے وہ چیز لے کر جانا ہے جو اللہ کو مقصود ہے۔ قرآن مجید میں اللہ پاک فرماتے ہیں: جس کا مفہوم ہے ''یاد کرو اس دن کو جب نہ کام آئے گی تمہاری نرینہ اولاد نہ تمہارا مال اور کیا کام آئے گا قلبِ سلیم''۔ مقصود یہ ہے کہ قلبِ سلیم لے کر آؤ، تو کیا ہی اچھا ہے کہ ہم کہیں کہ اللہ پاک آخرت میں تجھ سے ملنا ہے اور تو کہتا ہے کہ قلبِ سلیم لے کر آؤ، اللہ میں کوشش کرتا ہوں کہ جب تیرے گھر کی زیارت ہو میں قلبِ سلیم لے کر آؤں۔

نبی کریم ﷺ کے لیے کیا ہدیہ لے کر جائیں؟ حدیث شریف

میں آتا ہے جس کا مفہوم ہے کہ ''نبی کریم ﷺ کی عادت مبارکہ تھی جب نبی کریم ﷺ کو کوئی ہدیہ پیش کرتا تو نبی کریم ﷺ اس سے بہتر ہدیہ اس کو عطا فرماتے''۔ اسی واسطے علمائے کرام و مشائخ عظام فرماتے ہیں: ''کہ آج بھی کسی کا کوئی مسئلہ یا پریشانی ہو تو اسے چاہیے کہ کثرت سے درود شریف پڑھے''۔ جب یہ درود شریف روضۂ اقدس پر نبی کریم ﷺ کے سامنے پیش ہوگا تو ضرور وہاں سے اس سے بہتر ہدیے ملیں گے اور اللہ تعالی کی طرف سے پریشانیاں دور ہوں گی۔ ہمارے بزرگوں کی عادت مبارکہ ہے کہ اس سفر سے پہلے، لاکھوں اور کروڑوں کی تعداد میں درود شریف کی کثرت کرتے ہیں اور ہدیہ پیش کرتے ہیں۔ اللہ کے رسول ﷺ کے سامنے حاضری سے پہلے کثرتِ درود شریف کریں کیوں کہ یہ بہترین تحفہ ہے۔ جیسے اپنی تیاری کرتے ہیں اسی طرح درود شریف پڑھ کر تیار کریں، دس ہزار، بیس ہزار جتنا بھی زیادہ سے زیادہ کر سکتے ہیں وہ

کیجیے۔اس نیت کے ساتھ پڑھیے کہ وہاں پہنچ کے روضۂ اقدس ﷺ پر نبی کریم ﷺ کو درود شریف کا ہدیہ پیش کروں۔ہم نبی کریم ﷺ کے احسانات نہیں اتار سکتے۔ہم تو کہتے ہیں:

اَللّٰھُمَّ صَلِّ عَلٰی.

یعنی اے اللہ بھیج دیجیے درود وسلام، ہم تو بھیج ہی نہیں سکتے۔ یہ نبی کریم ﷺ کا ادب ہے،ان کو اس کی ضرورت نہیں ہے مگر ہمارے لیے یہ ضروری ہے کہ ہم اپنا اظہارِ محبت کریں۔ایک کھرب درود شریف پڑھ کر بھی بھیجیں تو نبی کریم ﷺ کی شان کے سامنے کچھ بھی نہیں۔اس درود شریف کا فائدہ بھی ہمیں ہی ہے،دس نیکیاں ہمیں ملیں گی، دس گناہ ہمارے معاف، دس درجات ہمارے بلند ہوں گے۔ نبی کریم ﷺ سے اللہ پاک نے پہلے ہی مقام محمود عطا فرمانے کا وعدہ کرلیا ہے۔ان کو خود اللہ پاک کہتے ہیں کہ "اللہ پاک ان کو راضی کر کے رہیں گے"۔ ہمارے درود شریف کا مقصد تو فقط نبی کریم ﷺ سے اظہار محبت ہے۔

منصورالحق صدیقی صاحب تھے، بہت ضعیف تھے، ہمارے مولانا عبدالغفور رحمۃ اللہ علیہ سے بیعت تھے، ان کا صدیقی ٹرسٹ ہوا کرتا تھا اور وہ فی سبیل اللہ دینی کتب چھاپتے تھے۔ ایک دفعہ میری ان سے ملاقات ہوئی اور میرا اس وقت عمرہ کا ارادہ تھا۔ میں نے ان کو بتایا کہ میں عمرہ پر جارہا ہوں تو وہ کہنے لگے کہ بھائی میرے لیے دعا کر لینا اور میرا اسلام پہنچا دینا۔ میں نے کہا کہ حضرت آپ سے ایسا تعلق ہے کہ آپ کو کہنے کی ضرورت ہی نہیں ہے۔ انہوں نے بہت خوبصورت جواب دیا، کہنے لگے کہ مجھے پتا ہے میں تو اللہ کو اپنی طلب اور محتاجی دکھا رہا ہوں کہ اللہ میں تیرا محتاج ہوں، تیرا عاشق ہوں، میری درخواست ہے کہ کسی طرح تیرے دربار میں میرا نام پہنچ جائے، رسول اللہ ﷺ کے سامنے میرا اسلام پہنچ جائے۔

یہ جگہ جہاں اللہ پاک نے آپ کو بلایا ہے، بیت اللہ ہے، جہاں اللہ کی خاص تجلیات اور رحمتیں ہیں جو دنیا میں کہیں اور نہیں۔

نماز کہیں بھی پڑھ لیں، قرآن پاک کہیں بھی پڑھ لیں، ذکر کر لیں لیکن دنیا میں اس کے علاوہ کوئی ایسی جگہ نہیں جہاں آپ طواف کر سکتے ہیں۔ یہ جگہ ایسی ہے کہ صرف اللہ کے بلاوے پر انسان پہنچتا ہے، یہ سعادت بزور بازو نہیں ملتی، اللہ پاک سے مانگیں کہ اللہ پاک تو نے اپنے گھر بلایا ہے تو عشق والا حج وعمرہ عطا کر۔

ہمارے بزرگ گزرے ہیں علاؤالدین شاہ جیلانی رحمۃ اللہ علیہ ان کا ایک مقولہ ہے، اتنا پیارا کہ سونے میں تولنے کے قابل ہے، بلکہ اس سے بھی زیادہ۔ وہ کہتے تھے کہ ''اللہ کو اللہ سے اللہ کے لیے مانگو''۔ اس بات پر غور کریں کہ اللہ کو اللہ سے اللہ کے لیے مانگ لیں۔ اس واسطے نہیں کہ میں کوئی بڑی شخصیت بن جاؤں، اس واسطے نہیں کہ مجھے کوئی روحانی حیثیت مل جائے اور میں کوئی غوث، قطب یا ابدال بن جاؤں۔ حج وعمرہ کے اس سفر میں، اللہ کو اللہ سے اللہ کے لیے مانگ لیں نہ جنت کے شوق میں اور نہ ہی دوزخ کے خوف سے۔ یہ عشق کی باتیں ہیں، جنت کا

شوق، دوزخ کا خوف بہت اچھا ہے مگر جب انسان عشق میں فنا ہو جاتا ہے تو وہ ان سب چیزوں سے ماورا ہو جاتا ہے۔

سوچ کا زاویہ

حج وعمرہ کی نیت ٹھیک کرنے کے ساتھ، اپنی سوچ کا انداز بھی ٹھیک کرنا ہوگا۔ آج کل جب حج وعمرہ کے سفر کا ارادہ کرتے ہیں تو بہت سی کارروائیوں سے گزرنا پڑتا ہے۔ فوٹو بنوانی ہے، پاسپوٹ، بائیو میٹرک اور ویزہ وغیرہ۔ ہمارا سب سے پہلا ردعمل منفی ہوتا ہے، ہر بات پر تنقید کرتے ہیں۔ لیکن یہ سوچیے کہ حقیقتاً آپ کی قربِ الٰہی کے سفر کی تیاری ہے۔ آپ اللہ اور اس کے رسول ﷺ کے پاس جا رہے ہیں۔ قرآن میں اللہ پاک فرماتا ہے جس کا مفہوم ہے "تم جہاں ہو میں تمہارے ساتھ ہوں"، مگر جب آپ اس کے گھر جا رہے ہیں تو اس کی خاص تجلیات ہیں اور اگر آپ مدینہ منورہ جا رہے ہیں تو رسول اللہ ﷺ وہاں موجود

ہیں۔ یہ تو محبت اور عشق کا سفر ہے اور اس کا مقصد یہ ہے کہ اللہ اور اس کے رسولﷺ کا عشق ہمارے دل میں آجائے اور اللہ کا قرب ہمیں حاصل ہوجائے۔ اگر کوئی کہے کہ امریکن ویزا لگوانا ہے اور صبح سے شام تک دھوپ میں کھڑا رہنا ہوگا۔ تو جس کو امریکا کا ویزہ چاہیے وہ خوشی خوشی لائن میں کھڑا ہوجائے گا۔ اس شخص کو یہ امید ہوگی کہ اگر اسے ویزہ مل جائے گا تو وہ امریکا گھومنے پھرنے یا جس مقصد کے لیے بھی جانا چاہتا ہے جا سکتا ہے۔ وہ اس کے لیے سارا دن ویزے کی لائن میں کھڑا رہے گا۔ اگر اسے یقین ہو کہ صبح سے شام تک کھڑا ہونے کے بعد اس کو اس کا مقصد حاصل ہوجائے گا، آس پاس سونگھنے کے لیے کتے بھی گھوم رہے ہوں گے، مگر وہ بخوشی قطار میں سارا دن کھڑا رہے گا۔

سفر کی مشقت

آج کل جب حج و عمرہ پہ جاتے ہیں تو اتنی آسانی ہے۔ سوچیے کہ

جب پہلے زمانے میں عمرہ یا حج پر جاتے تھے تو کتنی مشقتیں اٹھاتے تھے۔ دو سے تین مہینے کا بحری جہاز کا سفر ہوتا تھا، پھر وہاں جا کے مدینہ شریف پہنچنے میں بھی دو تین دن لگ جاتے تھا۔ ہمارا سفر تو بہت آسان ہوتا ہے، لیکن ہمارا یہ حال ہے کہ جب ہم پہلی بار بائیو میٹرک کے لیے جاتے ہیں وہاں پریشان ہو جاتے ہیں۔ حالاں کہ ہم ائیر کنڈیشنڈ ماحول میں بیٹھے ہوتے ہیں بس ہمارے دن کا کچھ وقت لگ جاتا ہے۔ اگر سوچ کا زاویہ ہو کہ مجھے میرا اللہ مل جائے تو اللہ کے قرب کے لیے یہ سودا سستا ہے۔ پہلے زمانے میں لوگ حج و عمرہ کے سفر میں اتنی مشقت اور تکالیف برداشت کرتے تھے، موسم کی سختی، سفر کی صعوبت لیکن حقیقت میں ان کو اللہ مل جاتا تھا۔ آپ سمجھیں کہ اللہ کے قرب کا سفر ہے اور حج و عمرہ کے سفر کا کوئی بھی انتظامی کام ہے تو وہ اللہ کے قرب کا ذریعہ ہے۔ اللہ کے قرب کے لیے یہ اتنی چھوٹی سی قربانی ہے۔ آپ اللہ کے قرب کی تلاش میں

نکلے ہیں اور آپ کا وہاں بیٹھنا عشق کے سفر میں شمار شروع ہو گیا ہے۔

جب آپ نے حج وعمرہ کے سفر کی نیت کر لی اور دو رکعت نفل توبہ کے پڑھ لیے تاکہ اللہ سے دوستی شروع ہو جائے۔ اب اس کی طلب میں آپ کو بائیومیٹرک میں دو تین گھنٹے لگ گئے تو کوئی بات نہیں۔ اگر اس رستے میں ہمیں کوئی دھتکارتا ہے، دھکے دیتا ہے یا مارتا ہے، تو بھی ہمیں کوئی فرق نہیں پڑتا۔ ہماری منزل اتنی عظیم ہے کہ ہمیں اس بارے میں پریشان نہیں ہونا ہے۔ آپ یہ سمجھ لیجیے کہ اس سفر کے انتظامی کام میں بھی آپ کے قربِ الٰہی کے راستے طے ہونا شروع ہو گئے ہیں۔ آپ اللہ کا شکر ادا کیجیے اور یاد رہے کہ یہ برداشت اور حوصلے کا سفر ہے کیوں کہ اس کا انعام اتنا بڑا ہے۔ اگر کوئی چھوٹی سی مشقت سے آپ گزرتے ہیں تو اس کو مثبت لیں اور قرب الٰہی کا ذریعہ سمجھیں۔ اگر آپ کو تکلیف مل رہی ہے، تو اللہ پاک کی آپ کی محبت بڑھ رہی ہے۔ اللہ پاک آپ کو دیکھ رہا ہے،

آپ کا امتحان لے رہا ہے اور اس کا اجر دے رہا ہے۔

فقراء کے نزدیک ہجر کا مطلب یہ ہے کہ اللہ کے نزدیک تمہاری محبت بڑھ رہی ہے۔ دعوے تو ہر آدمی کر لیتا ہے کہ مجھے اللہ سے محبت ہے لیکن امتحان اب شروع ہے۔ اگر حقیقت میں ہمیں اللہ کی محبت مل جائے تو کائنات کا سب سے عظیم خزانہ ہے۔ اللہ نے انسان کو اشرف المخلوقات بنایا ہے، جس کو اللہ کی محبت مل جاتی ہے، اللہ پاک اپنے بندے کو ایسے تصرفات عطا کرتا ہے کہ دنیا اس کے قدموں میں دے دیتا ہے۔ ہمارے حضرت فرماتے ہیں کہ علامہ بنوری رحمۃ اللہ علیہ کے والد صاحب بہت نیک آدمی تھے۔ یہ بہت پرانی بات ہے سن 60ء کی دہائی کی بات بتا رہا ہوں، وہ اکثر مدرسے کے گیٹ پر ہی بیٹھا کرتے تھے۔

حضرت فرماتے ہیں کہ بنوری رحمۃ اللہ علیہ فرماتے تھے کہ میں ان کی قدر اس واسطے نہیں کرتا ہوں کہ یہ میرے والد ہیں اور ان کو اللہ پاک نے ہواؤں پہ تصرف دیا ہے۔ میں قدر اس واسطے کرتا ہوں

کہ یہ بہت بڑے اللہ والے ہیں۔ دل میں نیت یہ ہونا ضروری ہے کہ اللہ ہمیں مل جائے، صرف یہ نہیں کہ میرا بینک بیلنس چار گنا ہو جائے گا یا چھ گنا ہو جائے گا۔ اللہ تعالیٰ کا تو وعدہ ہے کہ عمرہ سے مال میں برکت ہوگی۔ اس سفر کی مشقتوں سے نہ گھبرایئے، ہر لمحہ اپنی نیت کو ٹٹولتے رہیں کہ خالص اللہ کے لیے ہو۔ جب آپ خالص اللہ کے لیے اپنی نیت کریں گے تو آپ کے سفر کا ذائقہ ہی بدل جائے گا۔ آپ سوچیں گے کہ سفر کا ذائقہ کیا ہوتا ہے؟ جس طرح ماں اپنے بچے کو نہلاتی ہے، کپڑے پہناتی ہے، اس کو اس کام میں مشقت نہیں ہوتی بلکہ بہت مزہ آتا ہے۔ جو عمل محبت سے کیا جاتا ہے، اس میں حلاوت ہوتی ہے اور جو محبت سے خالی ہو اس کا کوئی ذائقہ نہیں ہوتا وہ پھیکا ہوتا ہے۔

اسی طرح یہ عشق کا سفر ہے اور اس کا اپنا ذائقہ ہے۔ آپ محبوب سے ملنے کے لیے جا رہے ہیں تو راستے کی چھوٹی تکلیفوں کی پرواہ نہ

کریں، برداشت اور حوصلہ سے کام لیں، اپنے نفس کو قابو میں کریں۔ آپ نے جو بھی خرچہ کیا اور مشقت اٹھا رہے ہیں وہ اللہ کے قرب کے لیے ہے اور اللہ سبحانہ وتعالیٰ کے قرب کے لیے یہ سستا سودا ہے۔ دل میں یہ نیت کریں کہ اللہ میری چھوٹی سی مشقت اور تھوڑا سا خرچ تیرے لیے ہے، میں تیرے گھر آرہا ہوں، تجھ سے ملنے کی طلب میں، تیرے قرب کی تلاش میں، یا اللہ مجھے اپنا قرب عطا کردے۔

احرام کی حقیقت

جب حج وعمرہ کے لیے احرام باندھیں تو سوچیے، ذرا غور کیجیے، ظاہری طور پر تو آپ نے احرام کی دو چادریں باندھ لیں لیکن اس کا کیا مقصد ہے؟ آپ ایک ایسے سفر پر جارہے ہیں جہاں آپ کے ہاتھ میں کچھ بھی نہیں ہے۔ احرام میں کوئی جیب نہیں ہوتی، بس خالی ہاتھ اور بے سروسامان اللہ پاک کے دربار میں جارہے ہیں۔ اللہ

پاک کے خزانوں میں سب کچھ ہے، فقط ایک چیز موجود نہیں ہے اور جو چیز جس کے پاس نہیں ہوتی، اس کو اس کی طلب ہوتی ہے۔ اللہ کی ذات میں عاجزی نہیں اور اللہ کو بہت پسند ہے جب کوئی عاجزی یا بندگی کرتا ہے۔ اللہ کی بارگاہ میں سب سے اعلیٰ لقب بندہ ہے اور آپ یہ احرام پہن کے اللہ کو اپنی بندگی دکھاتے ہیں۔ اے اللہ میں کمزور ہوں، میری کوئی حیثیت نہیں، میں کچھ نہیں ہوں، اللہ کو اپنی عاجزی دکھایئے۔

اللہ پاک کو اپنی بڑائی نہیں دکھانی کہ میں تو بڑا نیک آدمی ہوں، میری تو دنیا میں بڑی حیثیت ہے یا بڑا عہدہ ہے۔ اللہ کے سامنے کوئی بھی حیثیت چاہے دینی ہو یا دنیاوی اس کی کوئی حقیقت نہیں۔ چاہے کیسا ہی عہدہ ہے، کتنا ہی پیسہ ہے، کتنا بھی علم ہے، اللہ کے سامنے اس کی کیا حیثیت ہے۔ احرام اس کی دلیل پیش کرتا ہے کہ ہماری کوئی اوقات نہیں ہے۔ ظاہر اور باطن دونوں کو خالی کر لیں طمع، حرص، لالچ کو

نکال دیں۔ جیسے کہ ظاہری کپڑے اتار دیئے اسی طرح ظاہری دنیا کی ہوس بھی اتار دیں۔ اللہ کے آگے فقیر بن کے پیش ہوں اور اپنے دل کو بھی خالی کر کے اک عاجز فقیر کی طرح پیش کریں۔ جب احرام پہنیں تو ظاہری احرام بھی پہنیں اور باطنی بھی۔ دل کو خالی کر لیں اور اللہ سے کہیں کہ میرے پاس کچھ بھی نہیں ہے اللہ آج میں خالی ہو گیا۔ اللہ میرے ہاتھ میں کچھ بھی نہیں ہے نہ کوئی عمل ہے اور نہ کوئی نیکی ہے۔ اس کے دربار کے لائق ہمارے پاس ہے ہی کیا؟

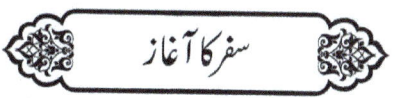

سفر کا آغاز

جب سفر کا آغاز ہو، تو اپنے ذہن کو تیار کریں کہ آپ اپنا دھیان صرف اپنے مقصد کی طرف رکھیں۔ کوئی کیا کر رہا ہے، کس طرح کر رہا ہے، آپ کو اس سے غرض نہیں ہونی چاہیے۔ یہ آپ کا اپنے رب سے ملنے کا سفر ہے نہ کہ لوگوں پر تنقید کا سفر۔ جب کسی کو عشق

ہوتا ہے تو اس کو یہ ہوش نہیں ہوتا کہ اس کے آس پاس کیا ہو رہا ہے وہ تو بس اپنے معشوق کے خیال میں ہی گم ہوتا ہے۔ ماں کی مثال پر دوبارہ غور کریں جو کئی سال بعد اپنے بیٹے سے ملنے جا رہی ہے۔ ائیر پورٹ پر اس کا بیٹا اسے لینے آئے گا تو جیسے ہی لاؤنج سے باہر نکلے گی اپنے بیٹے سے لپٹ جائے گی۔ اس کو پرواہ نہیں ہوگی کہ لوگ آس پاس کیا کہہ رہے ہیں، کیا کر رہے ہیں۔ وہ اس کی پرواہ نہیں کرے گی کہ آس پاس کون کھڑا ہے، کون نہیں کھڑا اس وقت اس کو اپنے بیٹے کے علاوہ کوئی بھی نظر نہیں آئے گا۔ ماں کی محبت ایسی ہے کہ اس کے ذہن میں صرف اس کا بیٹا ہے آس پاس کی دنیا اس کے لیے غیر معنی ہے، حالاں کہ انسانی محبت دنیاوی اور فانی محبت ہے۔

ہمارا معاملہ یہ ہے کہ ہم حج وعمرہ پر جاتے ہیں تو وہاں جا کے یہی شکوہ کرتے رہتے ہیں کہ فلاں ہمیں دھکے دیتے ہیں یا ان کو دیکھو کتنا تیز تیز طواف کر رہے ہیں، فلاں لوگ جاہل ہیں، یہ ان پڑھ

ہے۔ان کو تمیز نہیں یہ دیکھو کیا کر رہا ہے وہ دیکھو کیا کر رہا ہے۔
ایک مشہور قصہ ہے کہ مجنوں ایک نمازی کے سامنے سے گزر گیا۔اس نمازی نے نماز پڑھ کے مجنوں کو بہت برا بھلا کہا:"اے کمبخت تجھے تمیز نہیں ہے نمازی کے سامنے سے گزر گیا ہے"۔مجنوں نے جواب دیا:"یہ سچ ہے کہ میں تیرے سامنے سے گزر گیا،مگر حقیقت یہ ہے کہ مجھے تو لیلیٰ کا اس طرح خیال تھا مجھے خدا کی قسم پتہ ہی نہیں چلا کہ تم نماز پڑھ رہے تھے۔مگر مجھے یہ بتا تو کیسی نماز پڑھ رہا تھا؟ میں تو مخلوق کے عشق میں ایسا گرفتار تھا کہ مجھے تو نظر نہیں آیا اور تو خالق کے سامنے حاضر تھا اور میں تجھے نظر آ گیا؟"۔

پرانے زمانے میں جو غلام ہوتے تھے ان کے کوئی حقوق نہیں تھے،ان کو کسی شکوہ یا شکایت کا کوئی حق نہیں ہوتا تھا۔ اللہ کے سامنے ہم تو غلام سے بھی نیچے ہیں ہم تو بندے ہیں۔مگر ہمارے کتنے نخرے ہوتے ہیں؟ جب ایئر پورٹ پر جاتے ہیں وہاں اگر

انتظار کرنا پڑ جائے تو پریشان ہو جاتے ہیں، غصہ کرتے ہیں۔ اگر دو گھنٹے، تین گھنٹے یا چھ گھنٹے بیٹھنا پڑا تو بھی آپ اللہ کے قرب کے راستے پر ہیں اور آپ کی نیکیوں میں اضافہ ہو رہا ہے۔

اس سفر کا مقصد یہی ہے کہ ہمیں اللہ کا قرب مل جائے اور اللہ پاک کی طرف سے اس کا اجر مل جائے۔ لہٰذا اس راستے میں جتنی بھی مشکلات پیش آئیں گی اللہ تعالیٰ اس کا بڑھا چڑھا کر اجر دے گا۔ ائیرپورٹ پر چار چھ گھنٹے لگ جائیں تو کوئی فرق نہیں پڑتا ہے۔ بہت پرانی بات ہے، میں نے خود دیکھا کہ ڈزنی لینڈ میں بہت ساری رائیڈز ایسی ہوتی ہیں جن کے اوپر لکھا ہوتا ہے کہ آپ کو ڈیڑھ گھنٹے اس لائن میں کھڑا ہونا ہے اور پانچ منٹ کی رائیڈ کے لیے لوگ بڑے سکون سے دو گھنٹے کھڑے ہوتے ہیں۔ اللہ کے قرب اور اس کی محبت میں اس سفر کی تکالیف تو کچھ بھی نہیں ہیں، لیکن ہماری برداشت اتنی تھوڑی ہوتی ہے کہ ہم پریشان ہو جاتے

ہیں اور عملہ کے لوگوں سے ناراض ہونے لگتے ہیں۔ ہم شکوہ اور شکایت کرنے لگتے ہیں۔

یہ دیکھو کتنی دیر کر رہا ہے، اس کو دیکھو کام نہیں کر رہا ہے، اتنا انتظار کرنا پڑ رہا ہے! اللہ سے عشق کے دعوے کرنا بہت آسان ہے، مگر خود اپنا محاسبہ کریں، چھوٹی چھوٹی باتوں پر ہم برداشت کھو دیتے ہیں۔ آپ کو کوئی بھی تکلیف آئے یا انتظار کرنا پڑے، صبر سے کیجیے کیوں کہ آپ کو ہر لمحے اللہ کا قرب مل رہا ہے۔

آپ خود سوچیے کہ دنیا کی سات ارب آبادی میں سے اللہ نے کتنے لوگوں کو چنا ہے جو اس گھڑی احرام میں ہیں۔ یعنی اللہ کی نظر میں آپ کی کیا حیثیت ہے اس وقت؟ آپ کا شمار تو ان لوگوں میں ہے جو اس کرۂ ارض پر سب سے اعلیٰ اور ارفع لباس میں ہیں۔ آپ کو ایسی نعمت ملی ہے جو خاص آپ کے لیے ہے۔ اگر دنیا میں آپ کو اعلیٰ اسٹیٹس ملا ہو تو آپ اس جلدی میں نہیں ہوں گے کہ یہ اسٹیٹس

مجھ سے چھین لیا جائے۔ اللہ پاک نے آپ کو اس مقام اور نعمت کے لیے چنا ہے لہٰذا احرام کی حالت میں اللہ کی نگاہ میں آپ کا مقام انتہائی اعلیٰ ہے۔ دل سے اس بات کو محسوس کیجیے کہ اللہ پاک نے مجھے چن لیا ہے۔ میں سات ارب لوگوں میں سے ایک ہوں جس نے آج احرام پہنا ہے۔ جب ہوٹل کی طرف جا رہے ہیں تو ظاہر کی آنکھ سے نہ دیکھیں بلکہ دل کی آنکھ سے غور کریں۔

اس سوچ کو دل میں نہ جگہ دیں کہ قیام اور سہولیات کیسی ہوں گی۔ آپ کو آپ کا محبوب مل رہا ہے، آپ اس کے گھر پہنچنے والے ہیں۔ یہ دل کی باتیں ہیں، فقراء کے نزدیک ان کی بہت زیادہ قیمت ہے۔ نبی کریم ﷺ کو کفار نے یہ پیشکش کی تھی کہ اگر نبی کریم ﷺ چاہیں تو وہ ان کو سردار بنا لیتے ہیں، اگر دولت چاہتے ہیں تو دولت دے دیتے ہیں، اگر کسی عورت سے شادی کرنا چاہیں تو وہ کر دیتے ہیں، مگر اللہ کا نام پھیلانا چھوڑ دیں۔

اللہ کو تو کفارِ مکہ مانتے تھے، لیکن اللہ کے ساتھ شریک کرتے تھے، اللہ کی وحدانیت کو نہیں مانتے تھے۔ تو عشق کا جواب ہے، نبی کریم ﷺ نے فرمایا، جس کا مفہوم ہے کہ "اگر یہ لوگ میرے ایک ہاتھ پر سورج اور دوسرے پر چاند لا کر رکھ دیں اور مجھ سے کہیں کہ میں اس کام کو چھوڑ دوں تو میں ایسا ہرگز نہیں کروں گا۔ یا تو اللہ اس دین کو غالب کر دے یا میں اس راستے میں اپنی جان قربان کر دوں گا"۔

یہ عشق کی باتیں ہیں، فرشتوں نے ایک دفعہ اللہ پاک سے کہا کہ آپ کہتے ہیں ابراہیم علیہ السلام آپ کے بہترین دوست ہیں اس کی کیا دلیل ہے کہ یہ آپ سے محبت کرتے ہیں؟ اللہ نے کہا کہ جاؤ امتحان لے لو۔ ابراہیم علیہ السلام بکریاں چرا رہے تھے کہ ایک فرشتہ انسان کی شکل میں ابراہیم علیہ السلام کے پاس آیا۔ فرشتے نے ان کے سامنے اللہ کی حمد بیان کی، ابراہیم علیہ السلام نے اس سے کہا کہ آپ نے اتنے پیارے انداز میں اللہ کی حمد بیان کی ہے، کچھ اور اللہ کی حمد کریں۔

فرشتے نے پوچھا کہ آپ مجھے کیا دیں گے۔ انہوں نے کہا میری آدھی دولت یعنی آدھا ریوڑ لے لو۔ یہ محبت کا تعلق ہے ورنہ عقل تو نہیں مانتی کہ ایک نام سن کر اپنی آدھی دولت قربان کر دی۔ فرشتے نے پھر حمد بیان کی۔ ابراہیم علیہ السلام نے کہا اور حمد کرو اور باقی کا ریوڑ بھی لے لو۔ ابراہیم علیہ السلام نے اس سے فرمایا، کہ ایک بار پھر حمد بیان کر دو، فرشتہ نے کہا کہ اب کیا دو گے؟ اللہ اکبر! ابراہیم علیہ السلام نے کہا کہ اب میرے پاس کچھ نہیں، اب میں تیرا غلام بن جاؤں گا۔

کتنی بڑی بات ہے، اس کو کہتے ہیں اللہ کے لیے اپنے آپ کو بیچ دینا۔ فرشتے نے کہا کہ میں تو ایک فرشتہ ہوں اور آپ کی آزمائش کے لیے آیا تھا، آپ کو مبارک ہو کہ آپ نے عشق کا حق ادا کر دیا۔ حضرت ابراہیم علیہ السلام نے صرف محبوب کا نام سننے کے لیے اپنا سب کچھ دے دیا۔

علامہ اقبال رحمۃ اللہ علیہ حضرت ابراہیم علیہ السلام کے بارے میں کہتے ہیں:

''بلا خوف وخطر کود پڑا آتش نمرود میں عشق''

عمرہ کی ادائیگی

اگر آپ کا عمرہ کا ارادہ ہے اور سفر میں تھک گئے ہیں، تو جلدی نہ کریں۔ پہلے اپنے ہوٹل یا رہائش گاہ جائیں، فریش ہو کر، کچھ آرام کر کے عمرہ شروع کریں۔ اگر آپ بہت تھکے ہوں گے تو توجہ سے عمرہ نہیں کر سکیں گے۔ احرام کی پابندیاں سے پریشان نہ ہوں بلکہ اللہ کا شکر ادا کریں کہ آپ اس حالت میں اللہ کے سامنے ہیں، دعائیں بھی قبول ہوں گی اور اللہ کی نعمتیں بھی ملیں گی۔ آدھی آنکھیں کھلی آدھی آنکھیں بند ہوں تو کیسا عمرہ ہوگا، بس یہی جلدی ہوگی کہ عمرہ کے مناسک جلدی سے ادا کرلوں اور آرام کروں۔ جب حرم میں جائیں تو سکون سے جائیں۔ اللہ پاک فرماتا ہے ''کہ اگر مجھے ڈھونڈنا ہے تو ٹوٹے دلوں میں تلاش کرو''۔

تو بچا بچا کے نہ رکھ اسے، ترا آئینہ ہے وہ آئینہ

کہ شکستہ ہو تو عزیز تر نگاہِ آئینہ ساز میں

ہماری سب سے پہلی پریشانی یہ ہوتی ہے کہ تھیلیوں میں دیکھ لیں

کون سے نمبر پر ہم نے جوتی رکھی ہے، کہیں جوتی نہ گم ہو جائے اور دعا کی لسٹ بنائی ہوتی ہے کہ بس کعبہ کے سامنے جب تک آنکھ نہیں جھپکی جلدی سے وہ ساری زبان سے ادا کر دیں۔ پھر جلدی ہوتی ہے کہ چلو بھائی جلدی کرو۔ محبوب کے سامنے، محبوب کے گھر میں آ گئے ہیں تو جلدی کس بات کی؟ ہماری ترجیح یہ ہونی چاہیے کہ اللہ کے دربار میں حاضری ہے، جس سے بڑا دربار ہے، ہی نہیں۔

آپ حرم شریف میں پہنچتے ہیں تو یہ ایک لمحہ ہے جب آپ اللہ سے بات کر رہے ہیں۔ یہ وہ لمحہ ہے جب آپ محبت اور انکساری سے داخل ہوں، یہ سوچتے ہوئے کہ کس نے مجھے یہاں بلا لیا، میں کہاں آیا ہوں اور اللہ کے گھر کیا لایا ہوں؟ ندامت کے اس احساس کے ساتھ حاضر ہوں کہ میں اللہ کے دربار میں کیا لایا ہوں، کوئی عمل اس قابل نہیں جو اس کے سامنے پیش کیا جا سکے۔ جب کعبہ کی زیارت کریں تو دراصل کعبہ کی ان خاص تجلیات کو دیکھیں

جو اللہ پاک کی خاص رحمت سے آرہی ہیں۔ پتھر کا نام کعبہ نہیں ہے، کعبہ کی تعمیر نو میں تو سارے پتھر ہٹا دیے تھے۔ طواف پھر بھی ہوتا تھا، ہم قبلہ رو نماز بھی پڑھتے تھے۔ اس کا مطلب یہی ہے کہ وہ پتھر کعبہ نہیں ہے بلکہ اللہ پاک کی تجلیات ہیں۔

آپ کو معلوم ہے کہ جب کعبہ پر پہلی نظر پڑتی ہے تو دعائیں قبول ہوتی ہیں۔ تو جب کعبہ پر پہلی نظر پڑے تو تسلی سے دعا مانگے۔ ایسے نہیں کہ بس ہاتھ اٹھا دئے اور یہ بھی نہیں معلوم کہ کیا مانگ رہے ہیں، کیا پڑھ رہے ہیں۔ کعبہ پر نظر پڑے، پلک جھپک بھی جائے، نظر جھک بھی جائے تو غم نہ کریں مانگتے رہیں۔ کیوں کہ دینے والا کون ہے؟ کون کہتا ہے کہ اس کا خزانہ ایک پلک کے جھپکنے تک ہے؟ اللہ پاک فرماتے ہیں کہ جو مجھ سے جیسا گمان کرے گا اس کے ساتھ وہی معاملہ ہوگا۔ جب یہ گمان ہو کہ میں اللہ سے مانگتا رہوں گا اور میرا اللہ اس پہ قادر ہے کہ میری ہر فریاد پوری کر دے۔ یقین کریں کہ اللہ

پاک ضرور عطا فرمائے گا۔ جب آپ کے دل میں کوئی دعا آتی ہے، تو اللہ پاک نے ہی وہ دل میں ڈالی ہے، ایسا نہیں ہے کہ وہ عطا نہیں کرے گا۔ کوئی غنی کسی کو کچھ دینے کے لیے ہی اپنے گھر بلاتا ہے۔

یہ یاد رہے کہ اللہ نے بلایا ہے تو کچھ دینے کے لیے بلایا ہوگا، لینے کے لیے تو نہیں بلایا ہوگا۔ تو آرام اور تسلی سے دعا مانگیے۔ آنکھیں کعبہ پر اور رگ و جان میں یہ احساس کہ دل کی آنکھ سے اللہ کا دیدار ہو رہا ہے۔ اللہ کا دیدار جو آخرت میں ہوگا وہ تو دنیا میں ممکن نہیں ہے وہ تو یہ آنکھ نہیں دیکھ سکتی۔ مگر دل کی آنکھ سے دیکھیے اور سوچیے میں اللہ پاک کے سامنے کھڑا ہوں اور اللہ پاک کا دیدار کر رہا ہوں، اپنے محبوب تک پہنچ گیا ہوں اور دل سے اللہ پاک سے مانگیے۔

کمیونیکیشن کی تشریح میں صرف الفاظ نہیں بلکہ جسمانی حرکات و سکنات بھی شامل ہیں۔ کبھی پورا جملہ وہ بات نہیں سمجھا سکتا جو آنکھ یا ہاتھ کے ایک اشارہ سے بیان ہو جاتی ہے۔ اللہ سبحانہٗ وتعالیٰ کے

سامنے عاجزی ظاہر کرتے ہوئے کہیئے کہ اے اللہ میرے پاس الفاظ نہیں آپ کے سامنے، میں مانگوں بھی تو کیا مانگوں اور کیسے مانگوں؟ سب سے پہلے آپ کے آنسو جاری ہو جاتے ہیں جو عاجزی کا سب سے بڑا اظہار ہیں۔ رات کے وقت اگر کوئی اللہ کے سامنے رو رہا ہو تو اس کا ایک آنسو جہنم کی آگ کو بجھا سکتا ہے۔ یہ آنسو بہت قیمتی ہیں، کوئی معمولی چیز نہیں ہیں، کیوں کہ ان میں دل کی تڑپ اور محبت ہے۔

عام طور پر احباب کا سارا زور زبانی ہوتا ہے، کوئی کہے گا یہ کتاب لے جاؤ، اس میں سے پڑھ لینا۔ ہم وہاں دعا پڑھ رہے ہوتے ہیں بلکہ ٹیلی کاسٹ کر رہے ہوتے ہیں، دل اور دھیان کہیں اور ہوتا ہے اور سارا زور زبان ہلانے پر ہوتا ہے۔ اللہ تعالیٰ آپ کے دل کو دیکھتا ہے، یہ سفر عشق کا سفر ہے، اللہ کے سامنے بچھ جائیں، مٹ جائیں۔

نہ تو تو رہا نہ میں میں رہا
بس بے خبری رہی

یہ عجیب شعر ہے انسان اپنے آپ سے بھی غافل ہو جائے، اپنی نگاہ سے خود غائب ہو جائے۔ سب سے پہلی چیز اللہ کو اللہ سے اللہ کے لیے مانگے، اس سے بڑا آپ کچھ نہیں مانگ سکتے۔ ہم چھوٹی چھوٹی چیزیں مانگتے ہیں کہ اللہ میری جاب اچھی ہو جائے، میرا بزنس اچھا ہو جائے۔ لیکن اگر اللہ مل جائے، جو مسبب الاسباب ہے، خالق کل ہے تو سب کچھ مل جائے گا۔ جب اللہ مل جائے تو سب مل گیا، اس لیے سب سے پہلے اللہ کو اللہ سے اللہ کے لیے مانگنا ہے۔ یہ سب دل کی محبت کا تقاضہ ہے، زبان سے کہنے کی بھی ضرورت نہیں ہے، دل خود اللہ سے فریاد گو ہو۔ ایک عاشق اپنے معشوق کو چاہتا ہے، تو اسے کہنے کی ضرورت نہیں پڑتی، معشوق کے سامنے وہ اتنا سرشار ہوتا ہے کہ زبان کو اظہار کی ضرورت نہیں رہتی، دل پگھل کر اشکوں کی صورت آنکھوں سے رواں ہوتا ہے۔

آپ خالقِ کل، مالکِ کل کے پاس آئے ہیں جو بے پناہ خزانوں کا مالک ہے، جو کہتا ہے کہ تم مانگو کیا مانگتے ہو؟ تم مانگتے مانگتے تھک جاؤ گے،

میں دیتے دیتے نہیں تھکوں گا۔ دعائیں مانگیے، اپنے دل کو سجدہ ریز کر کے، ایسے کہ دل اللہ کے سامنے جھک جائے۔ یہ کیفیت بنانے کی کوشش کریں کہ اے اللہ میں کچھ نہیں لایا، میں تیرے لیے آیا ہوں، خالی ہاتھ آیا ہوں، میرے پاس کچھ بھی تو ایسا نہیں کہ تیرے سامنے پیش کروں کہ یا اللہ یہ لے لے اور مجھے اپنا آپ دے دے۔ اللہ میرے پاس بس دو نسبت ہیں، میں تیرا بندہ ہوں اور نبی کریم ﷺ کا امتی ہوں۔ بس اللہ کے آگے اپنے آپ کو جھکا دیں، مٹا دیں خود کو، اللہ کے آگے بے قیمت بچھ جائیں، بک جائیں۔ جب اللہ کے سامنے بے قیمت ہو کر بک جاتے ہیں تو وہ بڑا نکتہ چین بھی ہے اور نکتہ نواز بھی، وہ بڑا بے نیاز ہے اور قدر دان بھی۔ وہ سب جانتا ہے، بس کچھ بچا بچا کے نہ رکھنا۔

روحِ بلالی

جب مناسک شروع ہوں، تو سوچیے، دنیا میں کتنے لوگ ہیں اور

ان میں کتنے ہیں جن کو یہ سعادت نصیب ہو رہی ہے جو آج آپ کو ملی ہے۔ جن کو یہ سعادت نصیب ہوئی ہے، ان میں سے ابھی کتنے ہوٹل میں ہیں، سفر میں ہیں، لیکن آپ ان میں ہیں جو اس وقت اللہ پاک کی خاص رحمت میں ہیں۔ یہ مقام، یہ موقع، یہ وقت اللہ پاک کی آپ پر خاص عنایت ہے۔ آپ ان منتخب لوگوں میں ہیں جن پر اس وقت اللہ کی نعمتیں اور رحمتیں برس رہی ہیں۔ ہم مناسک میں بھی کوشش کرتے ہیں کہ بس جلدی سے مکمل ہو جائیں اور کسی طرح ہم احرام سے باہر آجائیں۔ ظاہری عمل کرنا ضروری ہے لیکن اس میں وزن باطن سے آتا ہے۔

علامہ اقبال کا شعر ہے:

رہ گئی رسم اذاں روح بلالی نہ رہی
فلسفہ رہ گیا تلقینِ غزالی نہ رہی

رسم اذاں تو پوری ہو گئی لیکن وزن تو روح بلالی میں ہے۔ صحیح

مسلم کی حدیث شریف ہے، جس کا مفہوم ہے کہ ”تین لوگ عالم، شہید اور غنی۔ اللہ کے سامنے پیش کئے جائیں گے۔ اللہ پاک ان سے فرمائے گا کہ کیا لائے ہو؟ عالم کہے گا کہ علم پڑھا اور پڑھایا۔ غنی کہے گا کہ مال خرچ کیا۔ شہید کہے گا کہ جان دے دی۔ اللہ پاک عالم سے فرمائے گا کہ تو نے قرآن سیکھا اور سکھایا، مگر تیری نیت تھی کہ لوگ تجھے قاری اور عالم کہیں۔ اللہ پاک سخی سے فرمائے گا کہ واقعی تو نے مال خرچ کیا مگر تیری نیت تھی کہ لوگ تجھے سخی کہیں“۔

”اللہ پاک شہید سے فرمائے گا کہ تو نے لڑائیاں لڑیں لیکن اس نیت سے کہ لوگ تجھے بہادر کہیں اور تعریف کریں“۔ تم تینوں نے یہ اعمال میری رضا کے لیے نہیں کئے۔ فرشتوں کو حکم ہوگا کہ ”ان کو گھسیٹ کر منہ کے بل جہنم میں ڈال دو“۔

آپ تمام مناسک ادا کیجیے اور یہ دھیان رکھیے کہ اللہ پاک نیت دیکھتا ہے۔ آپ حجر اسود کو بوسہ دینا چاہتے ہیں کیوں کہ سنت

ہے اور نبی کریم ﷺ نے حجر اسود کو بوسہ دیا ہے تو یہ سچ ہے۔ مگر چار آدمیوں کے اوپر سے کود کر جانا، دس آدمیوں کو دھکے دینا اور اس کے بعد جا کر حجر اسود کو چومنا؟ ذرا سوچیے کہ حجر اسود کو چومنا آپ کے لیے فرض نہیں تھا مگر مؤمن کو تکلیف دینا بالکل ناجائز تھا۔ نبی کریم ﷺ نے الوداعی حج کے موقع پر فرمایا جس کا مفہوم ہے کہ آج کون سا دن ہے، کون سا مہینہ ہے، کون سی جگہ ہے؟ صحابہ کرام رضی اللہ عنہم نے کہا اللہ اور اس کے رسول بہتر جانتے ہیں۔

نبی کریم ﷺ نے فرمایا کہ آج ذی الحجہ کا مہینہ ہے یہ تاریخ ہے اور عرفات کا دن ہے۔ اس کے بعد فرمایا کہ بیشک اللہ کے نزدیک کعبہ سے اور ان سب سے محترم ایک مؤمن کی عزت ہے۔ لوگوں کو دھکے دے کر اور تکلیف پہنچا کر اگر حجر اسود کو بوسہ دے بھی دیا، تو اللہ کی خوشنودی حاصل نہیں ہوگی۔ اللہ آپ کو اجر تو حجرِ اسود کو چومے بغیر بھی دے سکتا ہے۔ مخلوق کا خیال رکھیں، اگر طواف یا سعی میں دھکا لگ بھی

گیا تو کوئی بات نہیں عشق میں دھکے لگتے ہیں۔ سوچیے یا اللہ یہ تکلیف بھی تیری رضا کے لیے ہے، میں کسی کو دھکا نہیں دوں گا اگر مجھے دھکے لگتے ہیں تو اللہ تیری رضا کے لیے صبر کروں گا۔ میرے اللہ تو جانتا ہے، تو دیکھ رہا ہے، میرا ہر عمل صرف تیرے لیے ہے۔ حجر اسود کو مشابہت دی گئی ہے کہ جیسے کہ یہ اللہ کا سیدھا ہاتھ ہے۔ بزرگ فرماتے ہیں کہ جب آپ حجر اسود کو بوسہ دیتے ہیں یا دور سے بھی سلام کرتے ہیں تو اس وقت آپ کے دل کی نیت اور کیفیت پر مہر لگ جاتی ہے۔

لہٰذا بہت احتیاط کیجیے کہ جب آپ حجر اسود کو بوسہ دیں یا دور سے سلام کریں تو اپنی نیت اور اپنے دل کو خالص اللہ کی رضا کے لیے کریں۔ کم از کم ان چند لمحوں میں خالص اللہ کے لیے نیت کر لیں، اس وقت آپ کے دل میں صرف اللہ ہو اور بس یہی فریاد کہ مجھے اللہ مل جائے تا کہ اس کیفیت پر ٹھپہ لگ جائے۔ اگر اس وقت آپ کے دل میں خیال ہے کہ میں نے اب جا کر کچھ کھانا ہے، وہ تو اللہ

پاک کھلا دے گا، ساری ضروریات پوری کر دے گا، لیکن دل کی کیفیت کا یہ موقع پھر کہاں ملے گا۔

اکثر لوگ پوچھتے ہیں کہ ہم طواف میں کیا کریں، کیا دعاؤں کی کتاب لے جائیں؟ اگر آپ کتاب سے دیکھ کر دعا پڑھیں گے تو آپ کا دل حاضر نہیں ہوگا اور توجہ بٹ جائے گی۔ دھیان کتاب کی طرف ہوگا، نظر کتاب پر ہوگی، کچھ پتہ نہیں ہوگا کہ کیا مانگ رہے ہیں۔

بس سات چکر پورے ہوں گے۔ آپ محبوب کے گھر میں آگئے ہیں اور آپ کا مقصد آپ کے سامنے ہے۔ جلدی نہ کریں، اگر بھیڑ ہے تو برآمدہ یا اوپر کی منزل میں چلے جائیں جہاں نہ آپ کو کوئی دھکا دے گا اور نہ آپ کسی کو دھکا دیں گے۔ طواف میں کعبہ کو دیکھنا منع ہے، جب آپ طواف کر رہے ہیں تو کعبہ کو دیکھنا نہیں ہے بس اپنے دل کو اللہ کے سامنے حاضر کرنا ہے۔ دل میں یہ سوچیے کہ میں اللہ کو دیکھ رہا ہوں اللہ کا دیدار کر رہا ہوں۔ جب انسان اپنے محبوب سے

باتیں کرتا ہے تو آہستہ آہستہ باتیں کرتا ہے، لمبی لمبی باتیں کرتا ہے، بہانے بہانے سے کوشش کرتا ہے کہ زیادہ وقت مل جائے۔ تو بس اللہ سے باتیں کیجیے اللہ سے مانگنا شروع کیجیے، اس واسطے مانگیے کہ اللہ کا حکم ہے کہ اس سے مانگا جائے۔ اللہ پاک مانگنا پسند فرماتا ہے، وہ کہتا ہے کہ میں غنی ہوں تم فقیر ہو۔ اللہ سے مانگیے، مگر ایسے جیسے آپ اللہ سے باتیں کر رہے ہیں، رٹے طوطے کی طرح نہیں۔

یاد رکھیے اللہ تعالیٰ دینا چاہتا ہے اسی لیے تو اس نے آپ کو اپنے گھر بلایا ہے۔ کوئی غنی کسی فقیر کو اپنے گھر بلا کر خالی ہاتھ نہیں لوٹا تو اللہ سبحانہٗ وتعالیٰ آپ کو اپنے گھر بلا کے خالی تو نہیں لوٹائے گا۔ اللہ پاک فرماتا ہے کہ ''مجھ سے مانگتے رہو میں تمہیں عطا کرتا رہوں گا، تم مانگتے مانگتے تھک جاؤ گے لیکن میں دیتے نہیں تھکوں گا''۔ آرام سے محبت سے، آنکھوں سے اشک بار ہو کر ایک بچے کی طرح گڑ گڑا کر اللہ سے مانگتے رہیں۔ طواف میں دل کو راحت اور سکون آئے گا،

آپ کا جی چاہے گا کہ یہ طواف کبھی ختم نہ ہو۔ دل ہلکا ہو جائے گا، روح پاک ہو جائے گی۔

اگر کوئی ذکر کرنا ہے یا تسبیح پڑھنی ہے، لا الٰہ کا ذکر کرنا ہے تو اس ذکر کے معنی پہ دھیان کر کے پڑھیے۔ جب آپ لا الٰہ الا اللہ کہیں تو ایسے کہ اللہ تو واقعی بڑی شان والا ہے، نہیں ہے کوئی تیرے سوا۔ رٹنا نہیں ہے، اللہ سے باتیں کرنی ہے اللہ سے باتوں میں کہنا ہے لا الٰہ الا اللہ۔ اگر سبحان اللہ پڑھ رہے ہیں تو ایسے ہی پڑھیں جیسے کسی خوبصورتی پر کہتے ہیں۔ بس یوں سمجھیے کہ جیسے اللہ کا حسن، اللہ کی رحمت اور اللہ کی صفات میرے سامنے ہیں۔ تسبیح پڑھنے کے لیے نہیں تسبیح کرنے کے لیے کریں۔ تعداد یا گنتی ضروری نہیں ہے، دس ہزار، پانچ ہزار جتنا بھی پڑھنا ہے بس دل سے پڑھیں کہ الفاظ واقعی آپ کے دل میں سے نکل رہے ہوں۔

سعی کریں تو غور کریں، اللہ پاک نیت اور اخلاص کا کتنا بڑا قدر

دان ہے۔ صفا و مروہ میں یہ دوڑنا اصل میں کیا ہے؟ ہاجرہ رضی اللہ عنہا نے یہ چکر محبت میں دیوانہ وار لگائے تھے۔ وہ اسماعیل علیہ السلام کے لیے پانی کی تلاش میں بھاگی تھیں کہ اللہ نے میرے بچے کی کفالت میرے ذمہ کی ہے۔ جب وہ دوڑ رہی تھیں تو اپنی عاجزی اور بے بسی ظاہر کر رہی تھیں، کبھی ادھر بھاگتی تھیں کبھی ادھر۔ انہوں نے اس عاجزی اور محبت سے سات چکر لگائے کہ اللہ نے اس کو شعار اللہ بنا دیا۔ ان کی یہ بے قراری اللہ کو اتنی پسند آئی کہ قیامت تک عشق کا اظہار اور مناسک بن گئی۔ جب آپ سعی کریں تو سوچیے کہ وہ لمحے کیسے ہوں گے جب اسماعیل علیہ السلام رو رہے ہوں گے اور ہاجرہ رضی اللہ عنہا بے قراری میں دیوانہ وار بھاگ رہی ہوں گی۔ اور پھر اللہ پاک کی رحمت اس وقت متوجہ ہوئی۔

اب جب کہ آپ وہ عمل کر رہے ہیں تو اللہ کی رحمت آپ کی طرف متوجہ ہے۔ احرام اتارنے کی جلدی نہ کریں یہی مانگنے کا وقت ہے کہ اللہ سے مانگ لیں۔ پہلے زمانے میں تو مہینوں لگ

جاتے تھے، اب تو سفر اتنا آسان ہے۔ حرم میں بھی ہر طرح کی آسانی ہے۔ عمرہ مکمل کرنے کے بعد حلق کروائیں یعنی سر پر استرا پھروائیں۔ نبی کریم ﷺ نے ان کو دعا دی ہے جو عمرہ کے بعد حلق کروائیں۔ آپ فکر نہ کریں آپ کے بال آجائیں گے۔ لیکن سوچیے کہ اس کے عوض آپ کو نبی کریم ﷺ کی دعا مل رہی ہے جو یقیناً قبول ہے تو اپنے آپ کو اس دعا سے محروم نہ کریں۔

مدینہ منورہ حاضری

ممکن ہے کہ کچھ لوگ پہلے مکہ جائیں یا پہلے مدینہ جائیں۔ مدینہ منورہ حاضری دراصل نبی کریم ﷺ کے سامنے حاضری اور پیشی ہے۔ ہمیں یہ معلوم ہونا ضروری ہے کہ نبی کریم ﷺ کا مقام اور ادب کیا ہے؟ اور ہر چیز جو نبی کریم ﷺ سے وابسطہ ہے اس کا مقام اور ادب کیا ہے؟ یہ دربار عالی ایسا ہے کہ وہاں حاضری کا حق ادا تو

نہیں کر سکتے مگر خدانخواستہ اگر دھیان نہ دیا تو بے ادبی کا ڈر ہے۔

مکہ کی حاضری کے بارے میں شاعر کہتا ہے کہ:

"با خدا دیوانہ وار با محمد ﷺ ہوشیار"

اللہ کے معاملے میں دیوانے بن کے جائیں کوئی فرق نہیں پڑتا۔ مکہ میں آپ دیکھتے ہیں کہ لوگ طواف کر رہے ہوں گے، شور وغوغا ہوگا، کوئی زور زور سے اللہ کو پکار رہا ہوگا، با خدا دیوانہ وار۔ اللہ کے گھر میں دیوانگی کی کوئی پرواہ نہیں ہے۔ جیسے مرضی پکاریں، اپنے ہوش گنوا دیں وہاں کا دستور یہی ہے۔ مگر جب مدینہ منورہ پہنچیں تو با محمد ﷺ ہوشیار۔ یہاں غفلت اور بے ادبی کی گنجائش نہیں ہے۔ جیسے کوئی سنت اعتکاف کر رہا ہو تو مسجد کی حدود کے باہر وہ بلاضرورت نہیں نکل سکتا۔ سوائے اس کے کہ اسے واش روم جانا ہے، وضو کرنا ہے یا غسل فرض ہو، اس کے علاوہ اگر وہ مسجد کی حدود سے باہر نکلتا ہے تو اعتکاف ٹوٹ جاتا ہے۔

اب مسئلہ یہ آتا ہے کہ اگر کوئی شخص بھولے سے بھی مسجد کی حدود سے باہر چلا جائے گا تو کیا اعتکاف ٹوٹ جائے گا؟ میں نے حضرت سے پوچھا کہ کیا وجہ ہے کہ اگر کوئی بھولے سے باہر چلا گیا ہے تو پھر بھی اعتکاف ٹوٹ جائے گا؟ حضرت نے فرمایا کہ علماء فرماتے ہیں کہ اگر اللہ کے گھر پر اعتکاف کرنے آئے ہو تو بھول اور غفلت کی گنجائش نہیں ہے، اتنی غفلت کہ یاد ہی نہیں رہا کہ اعتکاف میں ہو۔ اسی طرح مدینہ میں بھی ادب کا ایسا ہی حق ہے، یہاں پر بھول چوک نبی کریم ﷺ تو معاف فرمادیں گے لیکن اللہ پاک معاف نہیں کرے گا۔ یہ معاملہ بہت سنجیدہ ہے۔ حدیث شریف کا مفہوم ہے:

''جس نے میرے ولی کو ستایا اس کے لیے میں غضبناک شیر ہوں تو جس نے اللہ پاک کے محبوب کو ستادیا اس کا کیا معاملہ ہوگا؟''۔

اس بات کا دھیان رکھیں کہ کوئی بے ادبی نہ ہو جائے اور نیکیاں غارت نہ ہو جائیں۔ اس شہر کا انتہائی ادب ہے کیوں کہ جو چیز رسول اللہ

ﷺ سے جڑ جاتی ہے اس کا مقام اللہ پاک کی نظر میں سب سے زیادہ ہے۔ ہمارے تمام علماء کا اس پر اتفاق ہے کہ جو خطہ نبی کریم ﷺ کے جسد مبارک کی مٹی سے لگا ہوا ہے، وہ اللہ کے یہاں کعبہ سے زیادہ قیمتی ہے، عرش سے زیادہ قیمتی ہے، کرسی سے زیادہ قیمتی ہے۔ مشہور شعر ہے:

وہ خدا نہیں، بخدا نہیں، مگر وہ خدا سے جدا نہیں

اور قرآن میں اللہ پاک فرماتا ہے:

وَرَفَعْنَا لَكَ ذِكْرَكَ. (الانشرح:4)

کیا (محبوب ﷺ) ہم نے آپ کا ذکر بلند نہیں کر دیا۔ نبی کریم ﷺ کا ذکر اللہ پاک نے بلند کیا ہے اور کرتے رہیں گے۔ آپ کو اندازہ ہونا چاہیے کہ آپ کتنے بڑے دربار میں جا رہے ہیں۔ اگر کوئی ڈھابہ ہوٹل میں کسی کو بلائے تو انسان جیسے مرضی حلیہ میں چلا جاتا ہے مگر آپ کو کوئی سیون سٹار یا فائیو سٹار ہوٹل میں بلاتا ہے تو آپ تیار ہو کر جاتے ہیں۔ ہمیں یہ سمجھ ہی نہیں کہ ہم کس کے دربار میں جا

رہے ہیں۔ایک تو اللہ کا دربار ہے، اس کا تو کوئی مقابلہ ہی نہیں ہے۔

بعد از خدا بزرگ توہی قصہ مختصر

مخلوق میں جو سب سے عالی مقام ہیں، ان کے دربار میں حاضری ہے۔ اللہ تو احکم الحاکمین ہے، وہ تو رب ہے، اللہ کی تمام مخلوقات میں اللہ کو جو سب سے محبوب ہے، ان کے دربار میں حاضری ہو رہی ہے۔ جب کسی بڑے کے گھر جانا ہو تو پہلے سے اس کی تیاری شروع کر دیتے ہیں، حتیٰ کہ انسان اپنے کپڑے، جوتے اور خوشبو بھی پہلے سے منتخب کر لیتا ہے۔اس لیے یہ علم ہونا ضروری ہے کہ آپ کس کے سامنے پیش ہو رہے ہیں، تاکہ اس حساب سے تیاری کریں۔

یہ یاد رکھنا ضروری ہے کہ:

باادب بانصیب، بے ادب بے نصیب

جتنا ادب کریں گے اتنا ہی دامن بھر کر وہاں سے لائیں گے۔ خدانخواستہ بے ادبی ہو گئی تو ایسا نہ ہو کہ نیکیاں غارت ہو جائیں۔

خائف نہیں کر رہا ہوں بلکہ آپ کو احتیاط بتا رہا ہوں۔

فارسی شعر کا ترجمہ ہے، اللہ تو قیامت کے روز میرا حساب نہ لینا اور اگر تو نے لینا ہی ہے تو کم از کم محبوب ﷺ کے سامنے ہم سے حساب نہ لینا، کہ حیا آتی ہے۔ گاڑی یا جہاز کسی بھی ذریعہ سے سفر کر کے مدینہ منورہ کی پاکیزہ سرزمین میں داخل ہوں تو پہلا ادب یہ ہے کہ گناہوں کی توبہ کر کے جائیں۔ صاف دل کے ساتھ جائیں گے تو خالی ہاتھ نہیں آئیں گے۔ دو رکعت نفل توبہ پڑھیں تا کہ پاک صاف ہو کر نبی کریم ﷺ کے شہر میں داخل ہوں۔

اللہ سے گڑ گڑا کر فریاد کریں، کہ اے اللہ میرے گناہ معاف کر دے اور اگر تو مجھے معاف نہیں بھی کرتا تو رسول اللہ ﷺ کے سامنے حساب نہ لینا۔ اے اللہ تو ستار العیوب ہے، تو نے آج تک ہماری ستاری کی ہے، اب مدینہ منورہ کی پاکیزہ سرزمین میں آپ کے رسول ﷺ کی زیارت کے لیے جا رہا ہوں، میرے گناہوں کی

گندگی دور کردے، میری روح کو پاک کردے۔

نبی کریم ﷺ کی میزبانی

جو مدینہ منورہ جاتا ہے، وہ نبی کریم ﷺ کا مہمان ہوتا ہے۔ آپ اللہ کے رسول ﷺ کے مہمان ہیں، یہاں تک کہ جو مدینہ کے باشندے ہیں وہ بھی مہمان نہیں ہیں۔ یہ مقام اللہ پاک نے ان کو عطا کیا ہے کہ جو دوسرے شہروں سے مدینہ منورہ آتے ہیں کہ وہ اللہ کے نبی ﷺ کی میزبانی میں ہوتے ہیں۔ نبی کریم ﷺ کی میزبانی کو مختصر کرنے کی کیوں کوشش کریں، ہم تو چاہیں گے کہ یہ مہمان نوازی لمبی ہوتی رہے۔ آپ دو جہانوں کے سردار، محبوب دو جہاں، سخیوں کے سردار، رحمۃ اللعالمین ﷺ کے شہر میں آ گئے ہیں، ان کے مہمان بن گئے ہیں۔ سوچیے اس وقت مدینہ شہر میں کتنے مہمان ہوں گے۔ حج یا عمرہ کے دنوں میں پانچ یا دس لاکھ زائرین ہوں گے۔

تو آپ دس ارب کی آبادی میں سے ان پانچ یا دس لاکھ خوش نصیب لوگوں میں سے ہیں جو محبوب ﷺ کے مہمان ہیں۔ کوئی عام شریف آدمی بھی اپنے مہمان کی بات نہیں ٹالتا ہے اور میزبان سخی ہو تو مہمان کی ہر خواہش پوری کرنے کی کوشش کرتا ہے۔ آپ محبوب ﷺ کے مہمان ہیں تو پھر آپ کی دعائیں ضرور قبول ہوں گی، آپ خالی ہاتھ نہیں لوٹائے جائیں گے۔

آپ اگر جہاز سے سفر کرکے ایئرپورٹ پہنچیں اور سامان آنے میں یا کلیئرنس میں دیر لگے تو آرام اور تسلی سے اس وقت کو گزاریں۔ یہ تو عشق کا سفر ہے اور محبوب کی زلف جتنی لمبی ہو اتنی خوبصورت ہوتی ہے۔ اگر کوئی تاخیر یا تکلیف آگئی اور کوئی شکایت زبان یا دل میں آئی، تو ایسا نہ ہو کہ میزبان کی میزبانی کی بے ادبی ہو جائے۔ کوئی فقرہ، کوئی عمل ایسا نہ ہو کہ جس کے معنی ایسے ہو جائیں کہ خدانخواستہ میزبان کی کچھ غفلت ہے۔ مدینہ منورہ کی ہر

شے کو نبی کریم ﷺ سے نسبت ہے۔

کہتے ہیں کہ ایک شخص مدینہ منورہ حاضری کے لیے گیا۔ وہاں اس نے دہی خریدا، اس نے ایک چمچ دہی کھایا تو وہ کھٹا تھا۔ اس نے دہی پھینک دیا اور کہا کہ مدینہ منورہ کا دہی کھٹا ہے۔ رات کو اسے نبی کریم ﷺ کی زیارت ہوئی اور نبی کریم ﷺ نے اس سے فرمایا کہ ''تجھے میرے شہر کا دہی اچھا نہیں لگتا، میرا شہر چھوڑ دے، یہاں سے چلا جا''۔ وہ شخص بہت گھبرایا تو کسی نے مشورہ دیا کہ نبی کریم ﷺ کے چچا حضرت حمزہ رضی اللہ عنہ کے پاس جاؤ اور ان سے سفارش کی درخواست کرو۔ نبی کریم ﷺ ان سے بہت محبت فرماتے ہیں، وہ نبی کریم ﷺ کے بہت محبوب چچا ہیں۔ وہ شخص سیدنا حمزہ رضی اللہ عنہ کی قبر مبارک پر گیا اور ان سے درخواست کی کہ وہ سفارش فرما دیں۔ اس شخص کو خواب میں دوسرے دن حضرت حمزہ رضی اللہ عنہ کی زیارت ہوئی، انہوں نے فرمایا کہ ''اے شخص ابھی تو مدینہ سے چلا جا، کیوں کہ

تجھے نبی کریم ﷺ نے حکم فرما دیا ہے"۔

نبی کریم ﷺ نے فرمایا، مفہوم ہے کہ "مدینہ کے رہنے والے ہمارے ہمسایہ ہیں"۔ عام طور پر ہمیں تنقید کی عادت ہوتی ہے، فلاں ایسا ہے، سعودی ایسے ہیں، یہاں یہ ہو رہا ہے وہ ہو رہا ہے۔ ہم خدا نہیں ہیں اس لیے لوگوں کا حساب لینے کی کوشش نہ کریں، وہ جانیں اور رب جانے۔ جن کو رسول اللہ ﷺ کے ہمسائے چن لیا گیا ہے وہ ہم سے بہتر ہیں، قیامت کے دن ان کا شمار رسول اللہ ﷺ کے ہمسائے کے طور پر ہوگا۔ ان کو کتنی اعلیٰ سعادت نصیب ہے۔ ہم اپنی کروڑوں نیکیوں سے ان کی جوتیوں تک بھی نہیں پہنچ سکتے ہیں، اہل مدینہ تو بڑے لوگ ہیں وہ تو آپ ﷺ کے ہمسائے ہیں۔ جب ضرورت پڑتی ہے نبی کریم ﷺ کا دامن تھام لیتے ہیں۔ جب چاہتے ہیں نبی کریم ﷺ کی زیارت کر لیتے ہیں، ان کا اور ہمارا کیا مقابلہ ہے؟ جب آپ مدینہ کی حدود میں داخل ہو جائیں، تو بس سمجھ لیجیے کہ مدینہ منورہ کے تمام

آداب آپ پر لازم ہیں۔ اس شہر کے رہنے والوں کا ادب لازم ہے۔

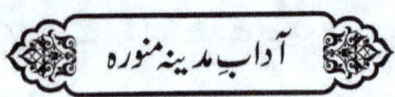

آدابِ مدینہ منورہ

جب مدینہ منورہ کی مٹی پر آپ قدم رکھیں تو با ادب ہو جایئے، جان لیجیے کہ اس مٹی پر پہنچ گئے جو واسطہ در واسطہ حضور اقدس ﷺ کے جسم اطہر سے لگی ہوئی ہے۔ کچھ مٹی کا حصہ ساتھ لگا ہوا ہے پھر اس کے ساتھ کا حصہ پھر اس کے ساتھ کا حصہ، یہ مٹی اللہ کے یہاں بہت قیمتی ہے۔ حدودِ مدینہ منورہ میں داخلے سے پہلے با ادب ہو جائیں۔ ہم نے اپنے حضرت کو دیکھا جب ہم مکہ سے مدینہ منورہ کے سفر پر چلے تو حضرت نے غسل کیا، صاف کپڑے پہنے، خوشبو لگائی اور تمام راستہ عمامہ پہنے رکھا۔ پورا راستہ حضرت نے عمامہ نہیں اتارا، باادب بانصیب بے ادب بے نصیب۔

امام ابوحنیفہ رحمۃ اللہ علیہ کے بارے میں لکھا ہے کہ ان کی مدینہ منورہ

حاضری ہوئی، دو دن بعد ساتھیوں کو کہا کہ واپس چلتے ہیں۔ ساتھیوں نے کہا کہ حضرت ابھی تو آئے ہیں۔ امام ابوحنیفہ رحمۃ اللہ علیہ خاموش ہو گئے، تیسرا دن گزرا تو پھر ساتھیوں سے کہا کہ چلتے ہیں۔ ساتھیوں نے کہا کہ حضرت کچھ تو ٹھہر جائیں، جب چوتھا دن گزرا تو امام ابوحنیفہ رحمۃ اللہ علیہ نے ساتھیوں سے کہا کہ اب تو برداشت نہیں ہوتا اب چلتے ہیں۔ ساتھیوں نے پوچھا کہ حضرت آپ مدینہ منورہ سے جانے کی اتنی جلدی کیوں کر رہے ہیں؟

امام ابوحنیفہ رحمۃ اللہ علیہ نے فرمایا کہ میں جب سے یہاں آیا ہوں میں نے کچھ کھایا پیا نہیں ہے، اس واسطے کہ کہیں ایسا نہ ہو کہ مجھے رفع حاجت کے لیے جانا پڑے۔ چار دن سے کچھ نہیں کھایا اور پیا تاکہ مدینہ منورہ کی مٹی پر رفع حاجت کے لیے نہ جانا پڑے، یہ عاشقوں کا حال ہے۔ امام مالک رحمۃ اللہ علیہ جب مدینہ منورہ میں قیام پذیر تھے اور حدیث شریف کا درس دیتے تو روز نیا جوڑا کپڑے

پہنتے تھے کہ نبی کریم ﷺ کا ذکرِ مبارک ہے۔ دوسرے دن وہ جوڑا صدقہ کر دیتے تھے، حاجت کے لیے مدینہ منورہ کی حدود سے باہر تشریف لے جاتے۔ مدینہ کی حدود میں رفع حاجت نہیں کرتے۔

مولانا قاسم نانوتوی رحمۃ اللہ علیہ کے عشق اور ادب کا یہ حال تھا کہ جب ان کا گروپ مدینہ منورہ پہنچا، تو انہوں نے اپنی جوتیاں اتار لیں اور سخت گرمی میں تپتی زمین پر ننگے پاؤں چلنے لگے۔ ایک اور شخص نے جب یہ دیکھا تو اس نے بھی اپنی جوتیاں اتار لیں۔ شدید گرمی اور تپتی ہوئی پتھریلی زمین پر اس کے لیے چلنا مشکل ہو گیا۔

مولانا رشید احمد گنگوہی رحمۃ اللہ علیہ نے اس سے فرمایا کہ ''اے اللہ کے بندے مولانا قاسم نانوتوی رحمۃ اللہ علیہ تو عشق کی ایسی کیفیت میں ہیں کہ ان کو اس وقت کوئی ہوش نہیں ہے، اپنی تکلیف کا کوئی احساس نہیں ہے، تو اپنی جوتیاں پہن لے یہ تیرے بس کی بات نہیں''۔

جو شخص نبی کریم ﷺ سے جتنا اظہارِ محبت کرے گا اور ادب

کرے گا، اتنا ہی نوازا جائے گا۔ نبی کریم ﷺ وہ ہستی ہیں جن سے اللہ نے محبت کی ہے تو دوست کا دوست بھی تو دوست ہوتا ہے۔ جو حضور ﷺ کا دوست ہوگا وہ اللہ کا بھی دوست ہوگا، یہ اللہ سے دوستی کا آسان طریقہ ہے۔ جب آپ مدینہ منورہ کی حدود میں داخل ہو جائیں تو ہر گلی، ہر آثار کو اس نیت سے دیکھیں کہ یہاں رسول اللہ ﷺ کی نگاہیں پڑی ہیں۔ سوچیے جس جگہ پہ آپ کی نگاہ پڑ رہی ہے، عین ممکن ہے کہ وہاں نبی کریم ﷺ کی بھی نگاہ پڑی ہو۔

خصوصاً جب آپ اُحد کا پہاڑ دیکھتے ہیں، وہاں تو نبی کریم ﷺ کی نگاہیں پڑی ہیں۔ ہم نبی کریم ﷺ کو تو نہیں دیکھ سکتے پر اُحد پہاڑ کو تو دیکھ سکتے ہیں، جس کو نبی کریم ﷺ کی زیارت ہوئی ہے۔ اُحد پہاڑ کی زیارت اس نیت سے کریں کہ ایک وقت تھا کہ اُحد نے میرے نبی کریم ﷺ کی زیارت کی تھی، میرے نبی کریم ﷺ کی نگاہیں اس پہاڑ پر پڑی تھیں۔ جن مسلمانوں نے نبی کریم ﷺ

کی زیارت کی ان کو اللہ نے قرآن میں:

رَضِیَ اللّٰہُ عَنۡہُمۡ وَرَضُوۡا عَنۡہُ۔ (التوبة:100)

کا مرتبہ عطا کیا، ان کے مرتبہ تک کوئی دوسرا نہیں پہنچ سکتا۔ جو مسلمان صحابہ کی زیارت سے شرف یاب ہوئے، وہ تابعی کہلاتے ہیں اور جو تابعی کی زیارت سے شرف یاب ہوئے وہ تبع تابعی کہلائے۔

حرم کے قریب جو پرانا شہر ہے وہاں اللہ پاک کی بیشمار رحمتیں ہوں گی کیوں کہ نبی کریم ﷺ نے وہاں قدم مبارک رکھے۔ اللہ پاک نے قوم ثمود پر عذاب بھیجا لیکن آج بھی وہاں قہر ہے، تو جس جگہ اللہ کے محبوب ﷺ کے قدم پڑے ہیں وہاں آج بھی رحمتیں برستی ہیں۔ یہ خاص رحمتیں ہیں اور یہ رحمتیں دنیا میں کہیں اور نہیں ملیں گی، نہ سوئٹزرلینڈ میں اور نہ امریکا میں۔ اس وقت اور اس جگہ کی قدر جانیے، یہ شاپنگ مالز میں شاپنگ کا وقت نہیں ہے، یہ تو صرف اللہ اور اللہ کے رسول ﷺ کی محبت کی تلاش کا وقت ہے۔ حرمین شریف کی حاضری

سے اللہ اور اس کے رسول ﷺ کا عشق اور قرب لے آئیں۔

مسجدِ نبوی میں حاضری

جب آپ اپنے ہوٹل پہنچیں، تو خواہش یہی ہوگی کہ جلد از جلد سلام کے لیے حاضر ہو جائیں، لیکن آپ سفر سے آئے ہیں عین ممکن ہے کہ پسینہ آیا ہو یا تھکاوٹ ہو۔ اگر نماز کا وقت ہے تو نماز حرم میں ضرور پڑھیے مگر ابھی سلام کے لیے حاضر نہیں ہوں۔ آپ کسی بڑے سے ملنے کے لیے جائیں آپ کی آنکھیں بند ہو رہی ہوں، آدھی بات سمجھ آ رہی ہو، آدھی نہ آ رہی ہو، یہ تو بے ادبی کی بات ہے۔ یہ وہ دربار ہے جہاں غفلت منظور نہیں ہے، خدانخواستہ تھکاوٹ میں کوئی بے ادبی نہ ہو جائے۔

جب انسان کی شادی ہوتی ہے، دولہا اور دلہن اس دن کے لیے کتنا تیار ہوتے ہیں۔ عید پر بھی ہم کتنی تیاری کرتے ہیں۔ جس طرح مکہ

میں تازہ دم ہو کر حاضر ہوں اسی طرح جب مدینہ منورہ پہنچیں تو پہلے فریش ہو جائیے۔ غسل کیجیے، خوشبو لگائیے، خوب اپنے آپ کو ستھرا کیجیے اور بہترین کپڑے پہنے۔ اللہ نے استعداد دی ہے تو مدینہ منورہ کے قیام کے لیے ہر دن ایک نیا جوڑا پہنئے، امام مالک رحمۃ اللہ علیہ کی یہی سنت تھی۔ آپ نبی کریم ﷺ سے ملاقات کے لیے جا رہے ہیں، دو جہانوں کے سردار رسول اللہ ﷺ کے سامنے آپ کی حاضری ہے۔

شیخ سعدی کہتے ہیں کہ:

''ہزار بار بھی اگر میں مشک و گلاب سے منہ دھولوں تو نبی ﷺ کا ذکر میری زبان سے انتہائی بے ادبی ہے''

اللہ نے اپنی مہربانی سے مدینہ منورہ پہنچا دیا تو اچھی طرح تیار ہوں اگر آرام کرنا ہے تو آرام کریں تا کہ بشاشت سے حاضری کے لیے جائیں۔ اس نیت سے کہ میں نے نبی کریم ﷺ کے دربار میں ان کے سامنے پیش ہونا ہے، صاف ستھرے تر و تازہ ہو کر مسجد نبوی میں جائے۔

آپ ﷺ کے حرم میں بلکہ پورے شہر میں اپنی آواز نیچی رکھیے۔

با محمد ﷺ ہوشیار، قرآن کا حکم ہے، لوگو ایسا نہ ہو تمہاری آواز مرے نبی ﷺ کی آواز سے اونچی ہو جائے اور تمہاری نیکیاں برباد ہو جائیں۔ نبی کریم ﷺ کی مجلس میں صحابہ کرام رضی اللہ عنہم آواز بلند نہیں کرتے تھے۔ نبی کریم ﷺ کے دنیا سے پردہ فرمانے سے پہلے اور بعد بھی نبی کریم ﷺ کے روضہ اطہر کے پاس اونچی آواز سے بات نہیں کرتے تھے۔ اماں عائشہ رضی اللہ عنہا بھی انتہائی احتیاط فرماتی تھیں۔ ایسا نہ ہو کہ حرم میں ہماری آواز اونچی ہو اور نبی کریم ﷺ کے لیے تکلیف کا باعث ہو۔ اونچی آواز کو ہم بے ادبی سمجھتے ہی نہیں، اس سے مراد صرف یہ نہیں کہ لڑنے کے لیے آواز اونچی کی جائے، بلکہ یہ مراد ہے کہ آواز بالکل پستہ اور نیچی ہو۔ اللہ پاک نے اس جگہ کا انتہائی ادب متعین کیا ہے۔

اہلِ سنت والجماعت، بریلوی یا دیوبندی سب کا عقیدہ ہے کہ نبی کریم ﷺ روضۂ اقدس میں موجود اور حیات ہیں۔ دراصل آپ مدینہ

منورہ یعنی صرف ایک شہر نہیں جارہے ہیں، بلکہ نبی کریم ﷺ کی زیارت کے لیے جارہے ہیں۔ حرم سے باہر جب ہم دُرود پڑھتے ہیں تو فرشتے بارگاہِ رسالت میں پیش کرتے ہیں، مگر حرم کے اندر نبی کریم ﷺ بلاواسطہ سنتے ہیں۔ علماء فرماتے ہیں، پورے حرم میں کہیں بھی سلام کیا جائے تو نبی کریم ﷺ بلاواسطہ سنتے ہیں۔ آپ نبی کریم ﷺ سے ملاقات کے لیے جارہے ہیں تبھی تو آپ حاضر ہو کر کہتے ہیں "اَلصَّلَاةُ وَالسَّلَامُ عَلَيْكَ يَارَسُوْلَ اللهِ"۔ نبی کریم ﷺ کی طرف سے جواب آتا ہے اور اہل دل و نظر اس جواب کو سنتے بھی ہیں۔

حاضری کے آداب

کچھ ناسمجھ لوگ یہ کہتے ہیں کہ مدینہ میں کیا کریں، وہاں تو کچھ بھی نہیں ہے کرنے کے لیے؟ دراصل ان کو پتہ ہی نہیں ہے کہ مدینہ منورہ کیسی جگہ ہے، اور نبی کریم ﷺ کون ہیں؟ لوگ بڑے شوق سے کہتے

ہیں کہ ہمارے اندر اللہ کی بہت محبت ہے، ہم تو مکہ جائیں گے۔ ہم تو اپنے نبی ﷺ کو بھی نہیں پہچانتے، ہمیں پتہ نہیں وہ کون ہیں اور وہاں کیا ہوتا ہے؟ اللہ کے بندو! اللہ کی محبت رسول ﷺ کی محبت کے بغیر ممکن ہی نہیں۔ آپ کے دل میں رسول اللہ ﷺ کی محبت جتنی بڑھے گی اتنی ہی اللہ کی محبت ملے گی۔ اگر کوئی یہ سمجھتا ہے کہ کسی اور راستہ سے اللہ تک پہنچ پائے گا تو یہ ممکن ہی نہیں ہے۔ عشقِ الٰہی کا راستہ، معرفتِ نبوی اور عشقِ نبوی کے سوا کوئی اور نہیں۔ حدیث شریف کا مفہوم ہے عمر رضی اللہ عنہ تورات کے کچھ اوراق پڑھ رہے تھے تو نبی کریم ﷺ نے ان سے فرمایا: ''اے عمر رضی اللہ عنہ اب اگر موسیٰ علیہ السلام بھی آجائیں تو جب تک میرا کلمہ نہیں پڑھیں گے تب تک ان کی نجات نہیں ہوگی''۔

ہمارے علماء کا اہلسنت والجماعت کا عقیدہ ہے، نبی کریم ﷺ نے فرمایا جس کا مفہوم ہے کہ اللہ پاک دیتا ہے اور میں تقسیم ہوں۔ سارے فیصلے اللہ کے ہیں، دینے والی ذات اللہ کی ہے اور اللہ ہی نے

تقسیم کے اختیارات نبی کریم ﷺ کو دیے ہیں۔ پورے حرم میں کل چار یا پانچ لاکھ لوگ ہوتے ہیں، ان میں چند ہزار لوگ ہوتے ہیں جو ایک وقت میں سلام پیش کرنے جاتے ہیں۔ اللہ پاک کی نگاہ میں آپ اللہ کے محبوب ﷺ کے چند ہزار مہمانوں میں سے ایک ہیں۔ پیر مہر علی شاہ گولڑوی رحمۃ اللہ علیہ، گولڑہ شریف پنڈی میں ان کا مزار ہے، بہت بڑے ولی اللہ تھے، دربار نبوت کے حاضرین میں سے تھے۔ ان کا شعر ہے:

"کتھے مہر علی کتھے تیری ثناء گستاخ اکھیاں کتھے جا لڑیاں"

کتھے مہر علی یعنی کدھر مہر علی اور کدھر آپ ﷺ کی ثنا یعنی تعریف، اتنا بڑا ولی اللہ یہ کہہ رہا ہے کہ اے محبوب ﷺ کہاں میں اور کہاں آپ کی تعریف، ہماری حیثیت ہی کیا ہے؟ حضرت شیخ الحدیث مولانا زکریا کاندھلوی رحمۃ اللہ علیہ کے بارے میں لکھا ہے کہ پوری زندگی میں دو بار ہی مواجہہ شریف حاضر ہوئے اور وہ بھی

نوری رحمۃ اللہ علیہ یا کسی اور بزرگ کے ساتھ۔ وہ فرماتے تھے کہ میں نے
ندگی میں کچھ ایسا کیا ہی نہیں ہے کہ میں محبوب صلی اللہ علیہ وسلم کے سامنے پیش
ہوسکوں۔ یہ ایک شیخ الحدیث اور قطب الاقطاب کے الفاظ ہیں،
جنہوں نے ساری عمر حدیث پڑھنے، پڑھانے، علم حاصل کرنے
ور علم کی روشنی پھیلانے میں گزار دی۔ حضرت مولانا فضل محمد سواتی رحمۃ اللہ علیہ،
قادری سلسلہ کے بہت بڑے بزرگ، بنوری رحمۃ اللہ علیہ کے ہم عصر تھے،
ان کے بارے میں مشہور ہے کہ جب ان کی مدینہ منورہ حاضری ہوتی
اور سلام کے لیے پیش ہوتے تو اپنے ہوش میں نہیں رہتے تھے۔
اللہ پاک ہمیں بھی ایسی حاضری نصیب فرمائے، ہمارا تو یہ حال ہے
کہ بس آٹھ دن رہ لو، چالیس نمازیں ہوجائیں گی۔ ہم تو مکہ اور
مدینہ میں بھی سوداگری کرنے جاتے ہیں۔

عبدالرحمٰن جامی رحمۃ اللہ علیہ، رسول اللہ صلی اللہ علیہ وسلم کے بہت بڑے عاشق
گزرے ہیں، نبی کریم صلی اللہ علیہ وسلم کی مدح میں ان کے کلام کو اللہ پاک

نے بہت مقبول کیا ہے۔ ان کے بارے میں مشہور ہے کہ مدینہ منورہ حاضری کا ارادہ کیا۔ ابھی مضافاتِ مدینہ میں ہی تھے کہ حاکمِ وقت کو نبی کریم ﷺ کی زیارت ہوئی اور نبی کریم ﷺ نے اس کو جامی رحمۃ اللہ علیہ کا حلیہ بتایا اور فرمایا کہ اس شخص کو مدینہ میں داخل ہونے سے روک دیا جائے۔ حاکم نے شہر کی چوکیوں کو مطلع کیا اور فرمان جاری کر دیا کہ اس حلیہ کے شخص کو شہر میں داخل نہ ہونے دیا جائے۔ جامی رحمۃ اللہ علیہ اس تمام معاملہ سے لاعلم، مدینہ منورہ میں داخل ہو گئے۔ حاکمِ وقت کو پھر نبی کریم رحمۃ اللہ علیہ کی زیارت ہوئی اور نبی کریم نے اس سے فرمایا کہ وہ شخص مدینہ میں داخل ہو گیا ہے لیکن اس کو روضۂ اقدس پر آنے سے روکا جائے۔ حاکمِ وقت نے پہرا اور زیادہ سخت کر دیا۔ آخرکار! سپاہیوں نے جامی رحمۃ اللہ علیہ کو پکڑ لیا اور حاکم نے یہ سمجھا کہ جس کو نبی کریم ﷺ نے اپنے شہر میں داخل ہونے سے روک دیا ہے، یہ کوئی بہت بڑا مجرم ہے اور ان کو حوالات میں بند کر دیا۔

اب حاکمِ وقت کو نبی کریم ﷺ کی پھر زیارت ہوئی، نبی کریم ﷺ نے فرمایا کہ یہ کوئی مجرم نہیں ہے، یہ تو میرا بہت بڑا عاشق ہے، جب یہ میرے پاس آئے گا تو اس سے برداشت نہیں ہوگا کہ اس کی مجھ سے ملاقات نہ ہو اور مجھ سے یہ برداشت نہیں ہوگا کہ میں اس سے ملاقات نہ کروں۔ حاکم نے جامی رحمۃ اللہ علیہ کو بہت عزت سے رِہا کیا اور ان کو نبی کریم ﷺ کا پیغام دیا۔ جامی رحمۃ اللہ علیہ نے وعدہ کیا کہ وہ اپنے جذبات کو قابو میں رکھیں گے اور پھر وہ زیارت کے لیے حاضر ہوئے۔ اس سے یہ ثابت ہوتا ہے کہ جو دل عشقِ نبی میں ڈوبا ہو، اس کی آمد پر روضۂ اقدس سے نبی کریم ﷺ کی توجہات ہوتی ہیں۔

دنیا میں کسی جگہ بھی جب آپ مراقبہ کرتے ہیں تو یہ نیت ہوتی ہے کہ نبی کریم ﷺ سے مشائخ کے ذریعے فیض مل رہا ہے مگر جب آپ مسجد نبوی ﷺ میں ہوتے ہیں تو وہاں نبی کریم ﷺ کا فیض آپ کو براہِ راست ملتا ہے۔ جب حرم میں بیٹھیں تو مستقل کوشش

کیجیے کہ اپنے دل کو نبی کریم ﷺ کے قلب کی طرف متوجہ رکھیے۔ یہ دھیان رکھیے کہ نبی کریم ﷺ کے قلب سے انوارات میرے دل پر آرہے ہیں، جب آپ یہ نیت کریں گے تو آپ کے قلب پر فیض آتا رہے گا۔ خاص طور پر جب سلام پیش کرنے جا رہے ہیں تو یاد رکھیے کہ آپ کی نسبت محبوب ﷺ کی نسبت سے جڑ گئی ہے۔

جب روضۂ اقدس پر حاضری ہو، تو نبی کریم ﷺ کو سلام پیش کرنے سے پہلے اپنی استعداد کے مطابق کچھ صدقہ کیجیے۔ دو رکعت نفل توبہ پڑھیں اور دُرود شریف کثرت سے پڑھیں، اس کا ہدیہ نبی کریم ﷺ کو کیجیے۔ پھر آپ محبوب ﷺ کے روضۂ اقدس کے قریب جائے۔ مرد حضرات کو مواجہہ شریف کے سامنے جانے کی اجازت ہے۔ جب آپ حاضری کے لیے پیش ہوں تو ادب اور محبت سے دُرود شریف پڑھتے وہاں حاضر ہوں۔

ذہن میں یہ خیال واثق ہو کہ میں کس ہستی کے سامنے جا رہا

ہوں۔ کعبہ اللہ پاک کا گھر ہے اور نبی کریم ﷺ کی مسجد ریاض الجنۃ یعنی جنت کا ٹکڑا ہے۔ وہاں کی کسی بھی چیز پر تنقید نہ کریں، وہاں آپ نبی کریم ﷺ کے مہمان ہیں خدانخواستہ کوئی ایسی بات نہ نکل جائے جو نبی کریم ﷺ کے لیے تکلیف کا باعث ہو۔ اس جگہ پر اللہ تعالیٰ کی رحمتوں کے خزانے کھلے ہوئے ہیں، یہاں اللہ پاک آپ کو بے بہا عطا فرماتے ہیں۔ جب آپ اس قطار میں لگیں جہاں محبوب ﷺ کے سامنے پیش ہونا ہے تو دُرود شریف پڑھتے رہیں۔ کوشش کریں قصیدۂ بردہ شریف پڑھ کر ہدیہ کریں۔

جب خواتین کا وقت ہوتا ہے تو اکثر خواتین چلاتے ہوئے، دھکم پیل کرتی، روضۂ اقدس پر جاتی ہیں۔ اگر کسی کا یہ خیال ہے کہ روضۂ اقدس کے قریب چیختے، چلاتے اور دھکا دیتے ہوئے نبی کریم ﷺ کے قریب ہو جائیں گی تو یہ غلط فہمی ہے۔ ایسا نہ ہو کہ آپ اس بے ادبی کے ساتھ روضۂ اقدس کے سامنے پہنچیں، تو آپ کی ساری نیکیاں

غارت ہو جائیں کیوں کہ قرآن پاک میں اللہ تعالیٰ نے صاف حکم فرما دیا ہے۔ روحانیت میں وقت اور جگہ کی کوئی اہمیت نہیں۔ خواتین اپنا دل چھوٹا نہ کریں، حرم میں روضۂ اقدس سے جتنا قریب جا سکتی ہیں اتنا چلی جائیں اور کسی ایسی جگہ بیٹھ جائیں یا کھڑی ہو جائیں جہاں دھکے نہ لگیں وہاں سے خواتین نبی کریم ﷺ کو سلام پیش کر سکتی ہیں۔ اللہ پاک یہاں اپنے خزانے کھول دیتے ہیں اور رسول اللہ ﷺ سے زیادہ کوئی سخی نہیں۔ حرم میں آپ جہاں بھی ہوں گی نبی کریم ﷺ کا فیض آپ کو پہنچے گا۔ دل بنا کے جائیں گی تو دل کی آواز اللہ کے دربار میں بھی پہنچے گی اور دربارِ رسالت ﷺ میں بھی پہنچے گی۔ خواتین ادب کے ساتھ جتنا آگے جا سکتی ہیں وہاں تک جائیں، اگر ذرا پیچھے جگہ ملے تو کوئی بات نہیں مگر ادب کا دامن ہاتھ سے نہ جانے دیں۔

خدا کا واسطہ ہے، اس جگہ دوسروں کو نہ دیکھیے کہ فلاں آدمی سیلفی بنا رہا ہے، فلاں آدمی نے تو پیٹھ کر دی ہے۔ وہ جانیں ان کا میزبان جانے

ہم وہاں لوگوں کے نقائص نکالنے نہیں گئے ہیں۔ یہ تنقید اور تضحیک کی جگہ نہیں ہے، ہم تو خود اتنے گندے ہیں کسی کو کیا تنقید کا نشانہ بنائیں! محبوب ﷺ کے سامنے جا رہے ہیں، خدانخواستہ ایسا نہ ہو کہ جب رسول اللہ ﷺ کے سامنے جائیں تو دل میں کسی مسلمان بھائی کے لیے نفرت یا حقارت ہو۔ نبی کریم ﷺ کو تکلیف ہوگی کہ یہ مجھے سلام کرنے آیا ہے یا میرے امتیوں کی شکایت کرنے آیا ہے۔ خدارا، آپ خود بھی وہاں تصویر بنانے سے پرہیز کیجیے، یہ انتہائی بے ادبی ہے۔ مکہ اللہ تعالیٰ کا گھر ہے اور مدینہ منورہ میں اللہ اور اللہ کے رسول ﷺ دونوں موجود ہیں۔ یہ حرم ہے کوئی ڈزنی لینڈ نہیں ہے، اگر تصویریں لے کر بھیجنا تھیں، تو یہاں کیوں آئے ہیں؟ کالام، سوات، یورپ یا کہیں اور چلے جاتے اور وہاں سے فوٹو بھیجتے رہتے۔

مکہ میں صرف اللہ آپ سے متوجہ ہے یہاں پر تو اللہ اور اس کے رسول ﷺ دونوں ہیں۔ بات فوٹو یا تصویروں کے حلال حرام ہونے کی

بھی نہیں، اصل بات یہ ہے کہ اللہ کے رسول ﷺ کا گھر وہ جگہ ہے جس کا بے پناہ ادب ہے، یہ فوٹو کھنچوانے کی جگہ نہیں ہے۔ آپ ان کے سامنے تصویر بنائیں یہ بہت بے ادبی ہے۔ آپ کے گھر میں کوئی صفائی والا کہے کہ آپ کا گھر بہت اچھا ہے اور تصویریں بنائے تو آپ کو برا لگے گا۔ ہم اللہ کے رسول اللہ ﷺ کو کیا منہ دکھائیں گے؟

یہ وہ جگہ ہے جہاں اللہ کے محبوب ﷺ موجود ہیں جو دو جہانوں کے سردار ہیں، رحمۃ اللعالمین ہیں، آج بھی ہم سے بے پناہ محبت کرتے ہیں، جو اپنی امت کے ظالموں سے بھی محبت کرتے ہیں۔ جو راتوں کو آپ کے لیے روتے تھے، آپ کی بخشش کے لیے اللہ کے سامنے گڑگڑاتے تھے۔ آپ ان کے سامنے پیش ہو رہے ہیں جن کے صحابہ رضی اللہ عنہم اور اہلِ بیت رضی اللہ عنہم آپ کے لیے قربان ہو گئے۔

جان لیجیے کہ جب آپ اللہ کے رسول ﷺ کے سامنے پہنچ گئے ہیں تو اللہ کے رسول ﷺ آپ کی بات سنتے ہیں اور آپ کی بات کا

جواب دیتے ہیں۔ نبی کریم ﷺ کے پاس پہنچیں تو اپنا سلام پیش کیجیے اور باقی تمام لوگوں کا سلام پیش کیجیے۔ اپنے عزیز واقربا کا سلام پیش کریں، اپنے دشمنوں کا سلام پیش کریں۔ رسول اللہ ﷺ سے باتیں کیجیے، اپنے غموں کی، دُکھوں کی داستان ان کو سنائیں اور رسول اللہ ﷺ سے دعا کی درخواست کریں۔ رسول اللہ ﷺ کے دامن سے لپٹ جائیں اور ان سے درخواست کریں کہ اللہ سے آپ کی حاجات اور ضروریات پوری کروائیں کیوں کہ اللہ پاک محبوب ﷺ کی کوئی بات رد نہیں فرماتا۔ رسول اللہ ﷺ وہاں ہماری بات سنتے ہیں، دوبارہ حاضری کی درخواست کریں۔

دعا کریں کہ اللہ اور اللہ کے نبی ﷺ کی محبت ہمارے دلوں میں پیدا ہو جائے۔ یہ دعا کریں کہ اللہ ہمیں بھی نبی کریم ﷺ کی ایسی محبت عطا فرمادے جیسی صدیقِ اکبر رضی اللہ عنہ کے دل میں تھی۔ وہاں آپ محبت اور عشق سے بھرپور دل لے کر جائیں گے تو خصوصی

انوارات اور توجہات آپ کے دل پر منتقل ہوں گی۔ آپ کے دل کی کیفیت اس جگہ کے انوارات سے بدل جائے گی۔ اللہ سے مانگیں تو سہی، کم از کم قیامت کے دن اپنے گناہوں اور سیاہ کاریوں کے باوجود، اللہ کے سامنے ہماری آرزو، ہماری التجا تو پیش ہو گی۔

ایک عمل ریاض الجنۃ

ریاض الجنۃ جنت کا ٹکڑا ہے، جب ریاض الجنۃ جائیں، تو نبی کریم ﷺ کو سلام پیش کرنے کے بعد اللہ پاک سے دعا کیجیے کہ اللہ جب آپ ایک بار جنت میں داخل فرمائیں گے تو وہاں سے نکالیں گے نہیں۔ آج میں ریاض الجنۃ میں ہوں، جنت کے ٹکڑے پر ہوں، اب مجھے جنت سے باہر نہ نکالنا، مجھ پر دوزخ حرام کر دیں۔ اللہ آپ نے غلاموں کے آزاد کرنے کا حکم دیا ہے۔ یہ تیرے محبوب ہیں اور میں تیرا غلام ہوں۔ اپنے محبوب کی قبر پر مجھ غلام کو آگ سے آزادی عطا فرما۔

یااللہ یہ آپ کے محبوب ہیں اور میں آپ کا غلام اور شیطان آپ کا دشمن۔ اگر آپ میری مغفرت فرمادیں تو آپ کے محبوب کا دل خوش ہوگا، آپ کا غلام کامیاب ہوجائے اور آپ کے دشمن کا دل تلملانے لگے۔ اگر آپ مغفرت نہ فرمائیں تو آپ کے محبوب کو رنج ہوگا، آپ کا دشمن خوش ہوگا اور آپ کا غلام ہلاک ہوجائے۔ یااللہ!!! عرب کے کریم لوگوں کا دستور یہ ہے کہ جب اُن میں کوئی بڑا سردار مرجائے تو اس کی قبر پر غلاموں کو آزاد کیا کرتے ہیں۔ یہ پاک ہستی سارے جہانوں کی سردار ہے تو اللہ ان کی قبر پر مجھے آگ سے آزادی عطا فرما۔

اللہ اور اللہ کے نبی ﷺ کو گواہ بنائے کہ رسول اللہ ﷺ نے جو کلمہ ہم تک پہنچایا وہ پڑھتا ہوں، ''لا الہ الا اللہ محمد رسول'' اللہ کا اقرار کرتا ہوں اور استغفار کرتا ہوں، قیامت کے دن یہ مجھ کو عطا فرمانا۔ اللہ سے دعا کریں کہ اللہ آپ کے رسول ﷺ نے فرمایا کہ

جنت میں ہر خواہش پوری ہو جائے گی تو میں بھی ریاض الجنۃ میں ہوں اور وہاں اپنی تمام حاجات اور ضروریات اللہ کے سامنے پیش کریں۔ اللہ کو اللہ سے اللہ کے لیے مانگ لیجیے، اللہ کے محبوب ﷺ کو مانگ لیجیے۔ اللہ اور اللہ کے رسول ﷺ کا عشق مانگیے، یہ درخواست کیجیے کہ اللہ پاک آپ کو دربار نبوی کے حاضرین میں شامل کر دے۔

مدینہ منورہ کی حاضری میں جنت البقیع بھی ضرور حاضر ہوں، وہاں امہات المومنین رضی اللہ عنہن اور صحابہ کرام رضی اللہ عنہم کی قبریں ہیں اور یہ ان کا حق ہے کہ آپ وہاں پر بھی حاضری دیں۔

مدینہ منورہ سے رخصت پر اپنا محاسبہ کریں، استغفار پڑھتے ہوئے وہاں سے واپس لوٹیں اور خود فیصلہ کریں کہ کیا آپ نے محبوب ﷺ کے ادب کا حق ادا کیا؟ نہیں کیا تو استغفار پڑھتے ہوئے اور روتے ہوئے وہاں سے واپس لوٹیں ایسا نہ ہو کہ ہم سے کوئی بے ادبی ہو گئی ہو اور پھر ہم دوبارہ حاضری سے محروم ہو جائیں۔

ب اللہ اور اللہ کے رسول ﷺ کے عشق کا سفر کر کے اپنے گھر واپس لوٹ آئیں تو سفر کی کسی بھی تکلیف یا بے آرامی کا کوئی تذکرہ نہ کریں کیوں کہ یہ بھی بے ادبی ہے۔

یہ اللہ پاک کا احسان تھا کہ آپ کو اپنے گھر اپنے محبوب ﷺ کے گھر بلایا۔ یہ بہت بڑی بات ہے اور جب کوئی پوچھے کہ آپ کا سفر کیسا رہا تو اس سے کہیں الحمدللہ میرا سفر بہت اچھا رہا، کسی قسم کا شکوہ اور شکایت بالکل نہ کریں۔ حج وعمرہ کا سفر عشقِ الٰہی سے قربِ الٰہی کا سفر ہے اور اس کا مقصد ہے کہ آپ کی زندگی بدل جائے۔ اللہ سے دنیا اور آخرت کی ہر ضرورت، ہر حاجت، ہر خواہش مانگ لیں۔ اللہ پاک تو مائل بہ کرم ہیں، اپنے گھر بلا کر رب کائنات، اَحکَمُ الحاکمین خالی ہاتھ کیوں لوٹائے گا اور اگر خالی ہاتھ لوٹ آئے تو شکوہ دینے والے سے نہیں، اپنے آپ سے کرنا ہوگا۔

سفرِ حج

حج وہ جو زندگی بدلے

حج صرف جسمانی عبادت نہیں ہے، یہ عشق کا وہ سفر ہے جو دل بدل دیتا ہے، شرط صرف اتنی ہے کہ جسم کے ساتھ دل لے کر جائیں۔ دل کا برتن الٹا کر کے لے جائیں گے تو اللہ کے گھر میں کوئی کمی نہیں لیکن خالی ہاتھ واپس آجائیں گے۔ دل میں اخلاص لے کر جائیں گے تو رب العالمین کے خزانوں میں کوئی کمی نہیں، اس کی عطا بیش بہا ہے۔

جب حج کے سفر کا ارادہ کریں تو سب سے پہلے اپنی نیت ٹٹولیں۔ ہم میں سے اکثریت حج اس نیت سے کرتے ہیں کہ حج فرض ہے، اس لیے اس کام کو نبٹا دیں یا یہ کہ نام کے ساتھ حاجی لگ جائے۔ اللہ نے مال دیا ہے تو بس اب اس فرض کو پورا کرلیں اور سر سے بوجھ اتر جائے۔ یُخْرِجُھُمْ مِّنَ الظُّلُمٰتِ اِلَى النُّوْرِ کی مصداق کیا ایسا

حج آپ کو اندھیرے سے روشنی کی طرف لے کر آئے گا۔ اللہ پاک نے حج زندگی میں صرف ایک بار فرض کیا ہے، یعنی یہ ایک عمل اتنا عظیم ہے کہ مسلمان کی زندگی بدل دے۔

جب یہ عمل اتنا عظیم ہے تو عقل کا تقاضا ہے کہ اس کی تیاری بھی بہترین کی جائے۔ عام زندگی میں بھی جب ہمیں کسی ضروری میٹنگ میں جانا ہو یا زندگی کا کوئی اور اہم موقع ہو تو ہم اس کے لیے پہلے سے تیاری کرتے ہیں۔

ایک شخص بہت بڑے پیمانے پر بہت سرمایہ لگا کر کاروبار شروع کرے تو وہ ساری محنت اس امید کے ساتھ کرتا ہے کہ اسے نفع ہو گا اور اگر اسے نفع نہ ہو تو اس سارے کاروبار کا کیا فائدہ۔

حدیث شریف ہے:

اِنَّمَا الْاَعْمَالُ بِالنِّيَّاتِ.

یعنی اعمال کا دارومدار نیت پر ہے۔

ایک تو اس سفر کی ظاہری تیاری ہے، چند جوڑے کپڑے اور جوتے، کچھ زادِراہ لیکن حقیقی تیاری ہے کہ اپنے ساتھ وہ دل لے جائیں، وہ تمنا لے جائیں وہ نیت لے جائیں جو آپ کے حج کو معنی عطا کردے اور وہ حج آپ کی زندگی بدل دے۔ا۔اسی طرح اگر ایک شخص نے صحیح نیت اور طریقہ سے حج کیا ہے تو اسے اپنی زندگی پر اس کا اثر نظر آنا چاہیے۔

عشقِ الٰہی سے قربِ الٰہی کا سفر

اس میں حرج نہیں کہ اللہ پاک نے اگر استطاعت دی ہے تو سفر کو آرام دہ بنالیں، مگر اس کو اپنا مقصد نہ بنائیں۔اکثر لوگ جب حج کا ارادہ کرتے ہیں، تو پہلی فکر یہ ہوتی ہے کہ سب سے اچھا پیکج کون سا ہے۔ جو پیسہ آپ جسمانی آرام و آسائش کے لیے خرچ کرتے ہیں وہ تو حج کے اختتام پر ختم ہوجائے گا، لیکن حج کا اصل

مقصد تو روح کو نشو و نما عطا کرنا ہے، اگر وہی حاصل نہ ہوا تو پھر اس سارے سفر کا مقصد ضائع ہو جائے گا۔ آپ کسی بھی اعلیٰ ترین ہوٹل میں ٹھہریں یا کتنا ہی مہنگا پیکج لیں، اللہ پاک کو اس سے کوئی غرض نہیں، اللہ پاک تو دل کو دیکھتا ہے وہ اپنے بندے کو قلبِ سلیم لانے کا فرماتا ہے۔ آپ کیسا دل لے کر اس کے گھر آئے ہیں یہ اہمیت رکھتا ہے۔

کسی شخص کا مقصد ہے کہ میرا حج کا فرض پورا ہو جائے تو اس کا فرض ضرور پورا ہو جائے گا۔ اگر دل میں یہ نیت ہے کہ حج میرے اللہ نے مجھ پر فرض کیا ہے اور اس سفر میں میرا اللہ مجھے مل جائے، تو وہ سخی کے گھر سے اپنی مراد ضرور پائے گا۔

اس کا فرض بھی پورا ہوگا اور اس کی زندگی بھی بدل جائے گی۔ کوئی مال کمانے کی نیت سے جاتا ہے، کوئی حاجی کہلانے کے لیے جاتا ہے، ایسے لوگ بہت تھوڑے ہیں جو اللہ کی تلاش میں جاتے

ہیں۔ یہ سفر حقیقت میں اللہ کے عشق سے اللہ کے قرب کا سفر ہے۔

ذرا کعبہ کی حقیقت کے بارے میں سوچیے، کیا ہم پتھروں کی عبادت کے لیے جاتے ہیں؟ کیا پتھر ہٹا دیے جائیں تو کعبہ نہیں ہوگا؟ درحقیقت ہم اللہ کے خاص انوارات اور تجلیات کا طواف کرتے ہیں۔

دراصل اللہ کا طواف کرتے ہیں۔ اگر یہ نیت کرلیں کہ میں بیت اللہ نہیں جا رہا، میں تو ربِ بیت سے ملنے جا رہا ہوں۔ حج کے تمام مناسک دیوانگی اور محبت سے لبریز ہیں۔ ہر عمل عشق کی عبارت ہے ورنہ عقل تو کہے گی کہ دیوانوں کی طرح ایک جگہ چکر لگا رہے ہیں، صفا مروہ میں دیوانوں کی طرح بھاگ رہے ہیں۔

حج میں مزدلفہ جانا ہے، عرفات جانا ہے، حج یومِ عرفہ کا نام ہے، لیکن مغرب کی نماز سے پہلے وہاں سے نکلنے کا حکم ہے۔ یہ سب مناسک عشق سے وابستہ ہیں۔ عاشق کو اپنے محبوب کے حکم کی تعمیل

میں دلیل کی ضرورت نہیں، اسی طرح مسلمان کو اللہ کے حکم کی تعمیل میں دلیل نہیں چاہیے۔

ہم اللہ کے گھر جا رہے ہیں، ربِ کائنات کے گھر جو ہمارے وجود میں آنے سے بھی پہلے سے ہم سے محبت کرتا ہے۔ رب جو ہمارے دنیا میں آنے سے چالیس سال پہلے ہمارا رزق دنیا میں اتار دیتا ہے، ماں کے پیٹ میں ہمیں رزق عطا کرتا ہے۔ اللہ پاک کی کبریائی کتنی بڑی ہے، اس کی شان کتنی اعلیٰ ہے، لیکن وہ اپنے بندے سے کہتا ہے:

وَهُوَ مَعَكُمْ اَيْنَ مَا كُنْتُمْ

مفہوم ہے کہ "اے میرے بندے میں تیرے ساتھ ہوں، تو جہاں کہیں بھی ہے"۔ یہ عشق کا سفر ہے لہٰذا عاشق بن کر جائیں، ایسا عاشق جس کو اپنے محبوب سے والہانہ عشق ہو۔ اب تک اس ذاتِ باری سے عشق نہیں کیا، لیکن اب تو آپ اس کے گھر جا رہے ہیں، کیا

اب بھی وقت نہیں آیا کہ ہمارے دل اللہ کی یاد اور اس کے عشق میں فنا ہو جائیں؟

اللہ تو ہر جگہ ہے، لیکن اس نے بیت اللہ کو اپنی خاص رحمتوں اور تجلیات کے لیے چنا ہے۔ اللہ نے ان خاص رحمتوں کی بارش کے لیے اگر آپ کو چنا ہے، تو یہ اس کی آپ سے خاص محبت کی دلیل ہے۔ اربوں کی آبادی میں سے چند لاکھ کو حج کی سعادت نصیب ہوتی ہے۔

اللہ پاک کی ذات تو بے نیاز ہے، اس عالیشان ذات وحدہ لا شریک نے آپ کو اپنے گھر بلایا ہے، تو کچھ لینے کے لیے نہیں بلکہ کچھ دینے کے لیے ہی بلایا ہے۔ دنیا کا سخی بھی کسی فقیر کو اپنے گھر کچھ لینے کے لیے نہیں بلکہ کچھ دینے کے لیے ہی بلاتا ہے۔ اللہ پاک جس کے خزانے لامحدود ہیں، وہ آپ کو اپنے گھر بلا رہا ہے تو مقصد کچھ عطا کرنا ہو گا۔

کوئی شخص یہ سمجھے کہ میرے پاس مال و دولت ہے، میں حج کر سکتا ہوں، تو یہ خام خیالی ہے۔ ایسا بھی ہوتا ہے کہ کوئی شخص بیت اللہ گیا لیکن بیمار ہو گیا، چوٹ لگ گئی اور حج سے محروم ہو گیا۔ اس لیے اگر آپ کو اس سفر کی سعادت ملی ہے تو اس کو معمولی نہ جانیے، ایسا نہ ہو کہ بیت اللہ پہنچیں اور اللہ تک نہ پہنچیں، بلکہ مکہ ٹاور اور شاپنگ مالز کو دل میں سجا کر واپس آ جائیں۔

یہ نہیں کہ بازار جانا حرام ہے، لیکن سوچیے کسی کو اپنے محبوب سے ملاقات کے لیے چند دن ملے ہوں، وقت محدود ہو، تو اس کو اپنے محبوب کے سوا کسی کا ہوش ہو گا؟

کہتے ہیں کہ حرمِ مکہ میں ایک بابا جی رہتے تھے، جن کا تعلق پاکستان سے تھا۔ ان کے پاس ایک پوٹلی اور عصا کے سوا کچھ نہ تھا۔ برسہا برس وہ حرم میں ہی دن اور رات گزارتے۔ ان بابا سے کسی نے پوچھا کہ وہ کب سے حرم شریف میں ہیں۔ انہوں نے جواب دیا کہ

سترہ سال کی عمر میں وہ حرم آئے تھے، اس وقت انہوں نے اللہ سے مانگا کہ اے اللہ میں تیرے گھر آیا ہوں، اب تیرے گھر سے میرا جنازہ ہی نکلے۔

ان سے پوچھا کہ ان پچاس برس میں کبھی وہ حرم سے باہر بھی گئے۔ جواب میں کہنے لگے کہ ہاں دو دفعہ باہر جانا ہوا، ایک بار تو جب مکہ کا نیا حاکم کمشنر آیا تو پولیس نے کاغذات مانگے۔ میرے پاس تو کوئی کاغذ تھا ہی نہیں، نہ کوئی اجازت نامہ نہ کوئی ویزہ۔ مجھے پولیس نے پکڑ کر کمشنر کے سامنے پیش کر دیا۔

کمشنر نے مجھے پہچان لیا، کیوں کہ ایک دفعہ شاہ فہد میرے سامنے رکا تھا اور کمشنر کو وہ بات یاد آ گئی۔ کمشنر نے بہت عزت سے مجھے واپس بھیج دیا۔

پھر بابا جی کہنے لگے کہ میرے لیے صرف ایک دعا کر دینا کہ میرا جنازہ اس حرم سے نکلے۔ کہتے ہیں کہ تھیلی والے بابا کی موت

اس حال میں آئی کہ جمعہ کے دن، روزہ سے تھے کہ قرآن کی تلاوت کرتے ہوئے موت کے فرشتے نے ان کو ان کے محبوب سے ملا دیا۔

یہ شخص حرم کے در و دیوار کی محبت میں تو فنا نہیں تھا، نہ کوئی سہولت نہ کوئی آسائش، اس نے تو ربِ کعبہ کی محبت میں اپنے آپ کو فنا کر دیا۔

ایسے کئی لوگ آپ کو مکہ اور مدینہ میں ملیں گے جو برسوں سے محبوب کے در پہ پڑے ہیں۔ عاشقوں کا یہ حال ہوتا ہے کہ محبوب کے در سے جدائی گوارا نہیں ہوتی، زندگی اور زندہ رہنے کی ضروریات سے بھی نا آشنائی کر لیتے ہیں۔

جب آپ کو اللہ پاک اپنے گھر بلائے تو اللہ پاک سے کہیے کہ اللہ میں بیت اللہ سے نہیں ربِ بیت سے ملنے آ رہا ہوں۔ جس کو اللہ مل گیا اس کے لیے ایک حج ہی کافی ہے۔ ہم کتنے حج اور عمرے

کر لیتے ہیں لیکن اللہ کا قرب نہیں حاصل کر پاتے۔ توفیق ملے تو جتنے بھی حج اور عمرے کیجیے لیکن ایسے حج اور عمرہ کیجیے کہ ہر حج اور ہر عمرہ آپ کو اللہ کے قریب سے قریب تر لے جائے۔

آپ کی روح دائمی راحت میں آجائے۔ جب آپ اللہ سے فریاد کرتے ہیں تو اپنی عاجزی ظاہر کرتے ہیں، اور عاجزی ہی تو وہ چیز ہے جو اللہ کے خزانوں میں نہیں ہے۔ جب بیت اللہ پہنچیں اور طواف شروع کریں تو عربی کی دعائیں ضرور پڑھیں لیکن پورے انہماک اور توجہ سے۔

طواف میں عربی میں دعا پڑھنا ضروری نہیں ہے، البتہ دل کی حاضری ضروری ہے۔ آپ اپنی زبان میں دعا کیجیے، ایسے جیسے کوئی اپنے محبوب سے باتیں کرتا ہے۔

طواف میں کعبہ کی طرف دیکھنا منع ہے، بس نظر جھکی ہوئی، دل میں اپنے گناہوں کی پشیمانی اور زبان پر اللہ رب العزت کی ثنا اور

اپنی بے بسی کی داستان۔ پچاس کے بجائے پانچ طواف کر لیں لیکن جذب اور شوق کے عالم میں، جیسے ایک محب محبوب کے گرد چکر لگا تا ہے۔طواف کے دوران آپ ان چند لاکھ پروانوں میں سے ہیں جو اس وقت محبوب کی خاص توجہات میں ہیں۔

آپ پر فرشتے رشک کر رہے ہیں کیوں کہ آپ ربِ بیت کے اتنے قرب میں ہیں، اب دعائیں پڑھیے نہیں، مانگیے۔ ہر ایک کے لیے مانگیے، دوستوں کے لیے مانگیے، دشمنوں کے لیے مانگیے۔ دوسروں کے لیے مانگیں گے تو فرشتے آپ کے لیے مانگتے ہیں، جو شخص یہ مانگ رہا ہے، اللہ پہلے اس کو عطا کر دے۔

جب دشمنوں کے لیے مانگیں گے تو اللہ کو بھی آپ پر رحم آئے گا، وہ آپ پر اپنی رحمت کے خزانے کھول دے گا۔ محبوب سے کلام کرنے میں محبوب سے تعلق بڑھتا ہے اور دعا آپ کو قربِ الٰہی کی طرف لے جاتی ہے۔

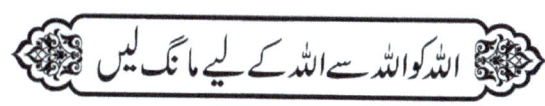

اللہ کو اللہ سے اللہ کے لیے مانگ لیں

امام غزالی رحمۃ اللہ علیہ کی حکایت ہے کہ عالمِ ارواح میں موسیٰ علیہ السلام نے اللہ پاک سے سوال کیا کہ محمد صلی اللہ علیہ وسلم کی امت کے علماء بنی اسرائیل کے انبیاء علیہم السلام کی مثل کیوں ہیں؟ اللہ پاک نے امام غزالی رحمۃ اللہ علیہ کی روح کو موسیٰ علیہ السلام سے ملاقات کروائی۔

موسیٰ علیہ السلام نے امام غزالی سے ان کا نام پوچھا۔ امام غزالی رحمۃ اللہ علیہ نے جواب میں ان کو اپنا پورا شجرہ بتانا شروع کر دیا۔ اس پر موسیٰ علیہ السلام نے فرمایا کہ میں نے تمہارا نام پوچھا تھا اور تم نے اتنی لمبی تمہید باندھ دی۔

امام غزالی رحمۃ اللہ علیہ نے عرض کیا کہ اللہ پاک نے آپ سے بھی تو صرف یہ پوچھا تھا کہ اے موسیٰ علیہ السلام آپ کے ہاتھ میں کیا ہے؟ اور آپ نے اتنی لمبی تمہید باندھی کہ یہ میرا عصا ہے، میں اس سے بکریاں چراتا ہوں اور یہ میرے مختلف کام بھی آتا ہے۔

آپ مختصر جواب بھی تو دے سکتے تھے۔

موسیٰ علیہ السلام نے فرمایا کہ میں نے اس لیے لمبی بات کی کیوں کہ مجھے اللہ سے ہم کلامی کا شرف ملا، میری ربّ العالمین سے بات ہو رہی تھی تو میں اس کو طویل کرنا چاہتا تھا۔

امام غزالی رحمۃ اللہ علیہ نے ان سے فرمایا کہ آپ تو کلیم اللہ ہیں، آپ کو اللہ سے بات کا شرف حاصل ہے، مجھے تو یہ نہیں مل سکتا لیکن میں کلیم اللہ سے بات کر رہا ہوں تو میں کیوں اپنی بات کو طول نہ دوں، میں اللہ سے نہیں تو اللہ کے کلیم سے تو بات کر سکتا ہوں۔ آپ بھی بیت اللہ جائیں تو اللہ کو چھو کر آئیں اور اللہ کو ہاتھوں سے نہیں دل سے چھوا جاتا ہے، دل سے چوما جاتا ہے۔

طواف اس خیال کے ساتھ کیجیے کہ میں اللہ کے پاس ہوں، فریاد کریں، اس ذات سے جو ماں سے ستّر گنا زیادہ محبت کرتا ہے۔ اللہ کو اللہ سے اللہ کے لیے مانگیے، سب کچھ مل جائے گا۔

واپس آ کر اگر آپ کی زندگی کا دھارا بدل گیا تو سمجھ لیں کہ آپ خالی ہاتھ نہیں آئے۔ ہمارے بزرگوں کا یہی کہنا ہے کہ اگر حج کے بعد تمہاری زندگی میں تبدیلی نہیں آئی، جیسے گئے تھے ویسے ہی واپس آ گئے تو دوبارہ حج کر لینا۔

کہتے ہیں کہ ایک بزرگ حج پر گئے، حج کے اختتام پر انہوں نے خواب دیکھا کہ دو فرشتے باتیں کر رہے ہیں۔ ایک نے دوسرے سے سوال کیا کہ کیا اللہ نے ان حاجیوں کا حج قبول کیا؟ دوسرے فرشتے نے جواب دیا کہ ان میں کسی کا حج قبول نہیں ہوا۔ مگر فلاں شخص جو فلاں مقام کا رہنے والا ہے اس کا حج قبول ہوا ہے۔ اس شخص کے طفیل اللہ پاک نے ان سب کا حج بھی قبول فرما لیا ہے۔

اب ان بزرگ کو تجسس ہوا، وہ اس مقام کے حاجیوں کے پاس گئے اور اس شخص کا نام لے کر اس کے بارے میں دریافت کیا۔

لوگوں نے بتایا کہ اس نام کا ایک شخص ہمارے ساتھ آنے کے لیے تیار تھا، لیکن وہ حج کے لیے نہیں آسکا۔ وہ تو وہیں رہ گیا تھا، اب ان بزرگ کو اور زیادہ تجسس ہوا اور یہ قافلے کے ساتھ اس شخص کے شہر پہنچ گئے۔

آخر کار ڈھونڈتے ہوئے اس شخص تک پہنچ گئے اور اس کو سارا ماجرا سنایا۔ اس سے دریافت کیا کہ تمہارا کون سا عمل ہے جو اللہ کو اتنا پسند آیا کہ اللہ نے اس کے طفیل سب کا حج قبول کرلیا، حالاں کہ تم تو حج پر گئے ہی نہیں تھے۔

اس شخص نے جواب دیا کہ میرے پاس تو کوئی عمل ایسا نہیں، میں تو ایک لوہار ہوں، بڑی مشکل سے بہت عرصے میں حج کی نیت سے کچھ پیسے جمع کیے تھے۔ سفر کی تیاری بھی کرلی تھی، کہ ایک دن میرے ہمسائے کے گھر سے کھانے کی خوشبو آرہی تھی، میرے بچے نے ضد کی کہ اس نے بھی وہی کھانا ہے، تو میں نے بچے سے کہا کہ

مسائے کے گھر چلے جاؤ اور کھالو۔ جب بچہ ان کے گھر گیا اور کھانا
نگا تو ہمسائے نے اس کو کھانا دینے سے انکار کر دیا اور بچہ روتا ہوا
اپس آ گیا۔

میں بہت حیران ہوا کہ ہمسائے نے بچہ کو کھانا کیوں نہیں کھلایا۔ میں اس کے گھر گیا اور اس سے پوچھا کہ اس نے بچے کو انکار کیوں کر دیا، جب کہ وہ سب خود کھانا کھا رہے تھے۔

ہمسایہ ایک لمحہ کے لیے خاموش ہو گیا، پھر کہنے لگا کہ وہ کھانا تمہارے بچے کے لیے حلال نہیں تھا۔ میرے گھر والے اتنے دن سے فاقہ سے تھے کہ ہم پر مردار حلال تھا۔ میں ایک مردار جانور ٹھا لایا تھا اور میرے گھر وہی پکا تھا، میں آپ کے بچے کو وہ نہیں کھلا سکتا تھا۔

یہ شخص کہنے لگا کہ اپنے ہمسائے کی بات سن کر میں نے سوچا اللہ نے مجھے جب اپنے گھر بلانا ہوگا بلا لے گا، لیکن میرے مسلمان

بھائی، میرے ہمسائے کا مسئلہ حل ہو جائے، یہ سوچ کر میں نے اپنی جمع پونجی اس کو دے دی۔ اللہ پاک دلوں کو دیکھتا ہے، اس ایک شخص کی قربانی اور جذبہ کے طفیل جو حج پر گیا ہی نہیں اللہ پاک نے سب کا حج قبول فرمالیا۔

ایں سعادت بزور بازو نیست

آپ کو کئی ایسے لوگ ملیں گے جن کو اللہ نے اسباب دیے ہیں لیکن وہ حج پر نہیں جاتے اور کئی ایسے ہوتے ہیں جن کے پاس اسباب کے درجہ میں کچھ بھی نہیں ہوتا اور وہ بیت اللہ پہنچ جاتے ہیں۔ میرا ایک پیر بھائی ہے، انتہائی سادہ اور سچا آدمی ہے، اس کا دل اللہ اور رسول ﷺ کے عشق سے منور ہے۔

ظاہری اسباب کچھ بھی نہیں، کوئی چھوٹی سی نوکری تھی، وہ بھی ختم ہو گئی، لیکن ہر سال حج کے لیے جاتا ہے۔ بہت سال پہلے کی

بات ہے، حج کے ایام سے کچھ دن پہلے مجھ سے ملنے آیا اور کہنے لگا کہ ہمایوں بھائی مجھے نبی کریم ﷺ کی زیارت ہوئی ہے، نبی کریم ﷺ نے آپ کو سلام بھیجا ہے۔

اور فرمایا ہے کہ ہمایوں سے کہو تمہارے حج کا بندوبست کرے۔ اس نے اتنی بڑی بات کہی، لیکن میرے پاس اس وقت ظاہری اسباب میں یہ ممکن نہیں تھا۔ اس نے کہا کہ کسی کام کے سلسلے میں اسے ڈیرہ غازی خان جانا ہے تو میں نے اس سے کہا کہ اپنا پاسپورٹ اور تصویریں وغیرہ دے دو، دیکھتے ہیں کیا کر سکتے ہیں۔

بہرحال وہ تو اپنے کاغذات دے کر چلا گیا۔ یہ وہ زمانہ تھا جب حج کے لیے بینک میں ڈرافٹ جمع کروانا ہوتا تھا اور بینک ڈیڑھ بجے بند ہو جایا کرتے تھے۔ آخر کار ڈرافٹ جمع کروانے کی آخری تاریخ آ گئی۔

ایک بجے میں نے گھڑی دیکھی اور سوچا کہ بندہ تو سچا ہے، لیکن

ابھی تک اس کے حج کے لیے کوئی بندوبست نہیں ہوسکا۔ اتنی دیر میں سوا ایک ہوگیا اور میرے فون کی گھنٹی بجی۔ فون اٹھایا تو میرا ایک پرانا دوست تھا، کہنے لگا، یار بہت مسئلہ ہوگیا ہے، کسی طرح میری مدد کر۔

میں نے پوچھا تو کہنے لگا کہ میں ہر سال دو لوگوں کو حج پر بھیجتا ہوں، ایک بندہ کا کوئی مسئلہ ہوگیا ہے، آج آخری تاریخ ہے، فوری طور پر کوئی بندہ چاہیے جو حج پر جانے کا خواہشمند ہو۔ میں نے کہا کہ بندہ تو تیار ہے، کاغذات میرے پاس ہیں لیکن بینک بند ہونے میں تو پندرہ منٹ ہیں۔

وہ کہنے لگا کہ میں آج ہی پیسے بھجوا دیتا ہوں بس کسی طرح بھی یہ کام ہوجائے۔ میرے پاس ایک اور صاحب بیٹھے یہ گفتگو سن رہے تھے، وہ کہنے لگے کہ ایک بینک مینیجر سے ان کی سلام دعا ہے وہ پانچ بجے تک بھی ڈرافٹ بنوادیں گے۔

قصّہ مختصر بینک میں پیسے جمع ہوئے اور میرا پیر بھائی اس سال حج کے لیے چلا گیا۔

ایں سعادت بزورِ بازو نیست

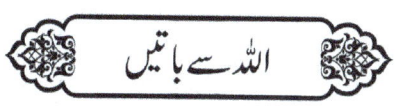

اللہ سے باتیں

جب ربِ بیت سے ملنے کی نیت ہوگی تو ہر عمل میں، مناسک میں حلاوت آ جائے گی، ہر تکلیف راحت بن جائے گی۔ جیسے ایک عاشق بہانے بہانے سے اپنے محبوب سے رازو نیاز کرتا ہے، ایسے طواف کے دوران، صفا مروہ میں ہر جگہ اللہ سے باتیں کرتے رہیں۔ صفا و مروہ میں جب آپ بھاگ رہے ہوں تو اللہ سے کہیں کہ اللہ میں تو تیری طرف بھاگ رہا ہوں، تیرے قرب کی طرف دوڑ رہا ہوں۔ اللہ جتنا مجھ سے ممکن ہے میں تیری طرف آتا ہوں، اللہ تو مجھے اپنا بنا لے۔

ہم کبھی اس تک نہیں پہنچ سکتے جب تک وہ نہ چاہے، لیکن اس کو اپنی طلب تو دکھائیں، وہ ہمیں اپنا آپ عطا کر دے گا۔ اس سفر میں ہر جگہ اللہ کو اللہ سے مانگیں، عشقِ رسول ﷺ مانگیں اور اس انداز اور ایسی عاجزی سے مانگیں کہ اللہ کو بھی آپ کی ادا پر ناز ہو۔ عرفات اور مزدلفہ میں دوسروں کو نہ دیکھیں کہ فلاں کیا کر رہا ہے، آپ اپنا دھیان اللہ کی طرف رکھیے۔

ایک محب کو اپنے محبوب کے سوا کیا نظر آتا ہے۔ حج کا ہر مناسک عشق سے لبریز ہے، اللہ سے کہیں کہ میں دیوانہ وار تیری طرف آتا ہوں، اب مجھے کہیں اور نہیں جانا۔ میں اپنے دل سے ہر چھوٹے بڑے بت کو توڑتا ہوں، بس مجھے اپنا آپ عطا کر دے۔

حج کے پانچ ایام میں آپ بس اللہ کے حکم سے ایک جگہ سے دوسری جگہ جا رہے ہیں۔ ہر جگہ اور ہر موقع پر اللہ کو گواہ بنا کر کہیں کہ اللہ میں اس جگہ تیرا کلمہ پڑھتا ہوں، تیرے سوا کوئی میرا رب

ہیں اور تجھے یہ کلمہ امانت دیتا ہوں۔ یہ عمل خاتمہ بالایمان کے لیے بھی ہے اور اللہ کے قرب کے لیے بھی۔ کعبہ کے سامنے، صفا مروہ پر، مزدلفہ میں، عرفات میں ہر جگہ اللہ کو اپنے کلمہ کا گواہ بنا لیجیے۔ نیت اس کو پا لینے کی، آنکھیں اشک بار، دل اس کی محبت سے لبریز، زبان پر اس کا کلمہ، جسم اس کے حکم کی اطاعت میں تھکن سے چور، بس یہی ہے حقیقت عشق سے قرب کے اس سفر کی۔

حج وعمرہ کے مسائل

حضرت مولانا مفتی عبدالحمید ناخدامدظلہ العالی
نائب مفتی دارالافتاء: جامعۃ العلوم الاسلامیۃ
علامہ بنوری ٹاؤن کراچی

اصطلاحات

ذیل میں حج وعمرہ میں کثرت سے استعمال ہونے والے بعض الفاظ اوران کا مفہوم درج کیا جارہا ہے تاکہ جب یہ الفاظ استعمال ہوں توسمجھنے میں دشواری نہ ہو۔

- مواقیت: میقات کی جمع ہے، وہ مقامات جہاں سے انسان کے لیے بغیر احرام کے گزرنا جائز نہیں ہے۔
- حِل: وہ جگہ جومواقیت اورحرم کے درمیان واقع ہے۔
- اِفراد: یہ حج کی ایک قسم ہے جس میں حاجی میقات سے صرف حج کا اِحرام باندھتا ہے۔ حج اِفراد کرنے والے حاجی کومُفرِد کہتے ہیں۔
- تمتع: یہ لفظ ''متاع'' سے لیا گیا ہے، اور متاع کا معنی ہے، موجود نفع اوراس کا شرعی معنی ہے، اشہرحج میں ایک سفر میں الگ

الگ احرام سے حج اور عمرہ ادا کرنا، جس میں عمرہ مقدم ہو، حج کی اس قسم کی ادائیگی کے لیے ضروری ہے کہ عمرے کے بعد گھر لوٹ کر نہ آئے۔ حج تمتع کرنے والے حاجی کو متمتع کہتے ہیں۔

- قِران: قران کا لغوی معنی ہے ''جمع کرنا، ملانا'' اور اس کا شرعی معنی ہے ایک سفر میں ایک احرام کے ساتھ حج اور عمرہ کے افعال کو جمع کرنا۔
- طواف: بیت اللہ کے اردگرد سات چکر لگانا۔
- اشواط: ''شوط'' کی جمع ہے، اس کا معنی ہے حجر اسود سے لے کر حجر اسود تک چکر لگانا۔
- رمل: تیز تیز چلنا چھوٹے چھوٹے قدموں کے ساتھ اور دونوں کاندھوں کو ہلانا اِضطباع کی حالت میں۔
- اضطباع: یہ لفظ اضطباع سے لیا گیا ہے، اور اس کا معنی ہے بازو اور اصطلاح شریعت میں اس کا معنی ہے: دایاں کاندھا

کُھلا ہوا ہو، اور بایاں کاندھا ڈھکا ہوا احرام کی چادر کے دونوں اطراف کے ساتھ۔ یہ صرف مرد حضرات کے لیے ہے، خواتین کے لیے نہیں ہے۔ اس کی کیفیت یہ ہے کہ چادر کا ایک کنارہ دائیں بغل کے نیچے سے نکال کر بائیں کاندھے پر ڈال دیں اور چادر کا کنارہ پیچھے کی طرف لٹکا دیں۔

- استلام: استلام یہ ہے کہ اپنے دونوں ہاتھ حجر اسود پر رکھے اور اپنا منہ دونوں ہاتھوں کے درمیان رکھ کر حجر اسود کا بوسہ لے اگر ایسا کرنا ممکن ہو اور اگر ایسا کرنا ممکن نہ ہو تو اپنی دونوں ہتھیلیاں حجر اسود کی طرف کر کے اُن کا بوسہ لے لے۔
- احرام کی حالت میں شخص چاہے عورت ہو یا مرد مُحرِم کہلاتا ہے۔ یہ شرعی پردہ والے محَرَم اور نامحَرَم کی اصطلاح نہیں ہے۔
- آفاقی: وہ شخص جو میقات کی حدود سے باہر مستقل رہائش پذیر ہو آفاقی کے لیے حج کا احرام میقات سے پہلے باندھنا لازم ہے۔

تشریح مواقیت

حرم کے اطراف میں وہ مقامات جہاں سے انسان کے لیے بغیر احرام کے گزرنا جائز نہیں ہے۔ ایسے مقامات پانچ ہیں:

1 ذوالحلیفہ: یہ اہل مدینہ کے لیے میقات ہے اور آج کل ''ابیارِ علی'' کے نام سے مشہور ہے، اور مدینہ منورہ سے 14 کلومیٹر کے فاصلے پر موجود ہے۔

2 ذات عرق: یہ اہل عراق کے لیے میقات ہے، اور آج کل یہ جگہ نامعلوم ہے چوں کہ اہل عراق مدینہ سے گزرتے ہیں لہٰذا وہ وہیں سے احرام باندھیں گے۔

3 جُحفہ: یہ اہل شام کے لیے میقات ہے اور رابغ نامی جگہ سے تقریباً 4 میل کے فاصلے پر ہے، لیکن یہ جگہ بھی آج کل مِٹ چکی ہے، لہٰذا اہل شام بھی ذوالحلیفہ سے ہی احرام باندھیں گے۔

- قَرن: یہ اہل نجد مشرق والوں کے لیے میقات ہے۔
- یلملم: آج کل اس کو "سعدیہ" کہا جاتا ہے اور ہندوستان اور پاکستان والوں کے لیے میقات ہے۔

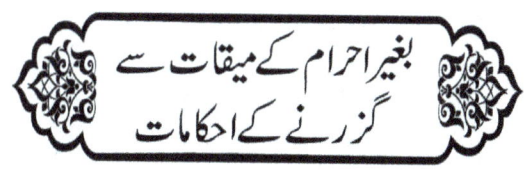

بغیر احرام کے میقات سے گزرنے کے احکامات

» وہ شخص جو کہ مسلمان ہو، مکلف ہو، اور آفاقی ہو اور وہ مکہ مکرمہ میں داخل ہونے کا ارادہ کرے یا حرم میں داخل ہونے کا ارادہ کرے، چاہے تجارت یا سیر و تفریح کے لیے ہی جا رہا ہو اور میقات سے بغیر احرام کے گزر جائے، چاہے خشکی کے راستے سے ہو یا سمندری راستے سے ہو تو ایسا شخص گناہ گار ہے۔ اس پر دم لازم ہے چاہے بعد میں احرام کی نیت کرے یا نہ کرے۔

» اور پھر اگر میقات پر لوٹ آئے اور وہیں حج یا عمرہ کے احرام کی

نیت کرلے تو اس سے گناہ اور دم ساقط ہوجائے گا۔ اگر احرام کی نیت کرنے کے بعد میقات پر لوٹ آئے اور میقات پر ہی تلبیہ پڑھ لے، اور ابھی تک حج اور عمرہ کے افعال شروع نہیں کیے تو اس صورت میں بھی گناہ اور کفارہ ساقط ہوجائے گا۔

» اگر مکہ یا حرم میں بغیر احرام کے جتنی بار داخل ہوگا، ہر مرتبہ داخل ہونے کے بدلے میں اس پر حج یا عمرہ لازم ہوگا۔

» ایک آفاقی شخص اگر میقات سے بغیر احرام کے گزر جائے اور اس کا ارادہ صرف جدہ کے سفر کا ہو اور حج اور عمرہ کا کوئی ارادہ ہو اور نہ ہی حرم میں داخل ہونے کا کوئی ارادہ ہو تو نہ وہ گناہگار ہوگا اور نہ ہی اس کے ذمہ کوئی چیز لازم ہوگی۔

» میقات اور حرم کے درمیان رہنے والوں کا اگر حج یا عمرے کا ارادہ نہ ہو تو ان کے لیے کہ بغیر احرام کے حرم یا مکہ میں داخل جائز ہے۔ اگر حج یا عمرہ کے ارادے سے حرم میں بغیر احرام

داخل ہوگئے تو اُن پر دم لازم ہے۔

حج و عمرہ کے افعال

عمرہ کے افعال:

1. احرام باندھنا.....شرط ہے۔
2. طواف کرنا.....رکن ہے۔
3. سعی کرنا.....واجب ہے۔
4. حلق یا قصر کرنا.....واجب ہے۔

احرام باندھنے کا مسنون طریقہ

احرام باندھنے سے پہلے مستحب ہے کہ حجامت بنوالی جائے دونوں ہاتھوں پیروں کے ناخن کتروا لے، بغلوں کے بال اور زیر

ناف بال صاف کر لے، اس کے بعد احرام کی نیت سے صابن وغیرہ سے غسل کر لے، اگر غسل کا موقع اور انتظام نہیں ہے تو وضو کر لے۔

غسل یا وضو کے بعد مرد حضرات سلا ہوا کپڑا اتار دیں اور ایک تہبند باندھ لیں اور اس پر ایک چادر اوڑھ لیں دونوں شانوں کو ڈھکا رکھیں۔ ایسی خوشبو لگائیں جس کا نشان اور داغ احرام کے کپڑے پر نہ لگے یعنی ایسی خوشبو لگائیں کہ کپڑے پر لگانے کے بعد اس کا رنگ نظر نہ آئے یہ دونوں چادریں سفید اور نئی ہوں تو بہتر ہے۔

خواتین احرام کے لیے سلے ہوئے کپڑے نہیں اتاریں گی بلکہ ان کا احرام صرف یہ ہے کہ وہ اپنا سر ڈھانپ لیں، اور چہرہ کو اس طرح کھولے رکھیں کہ نامَحرَم کے سامنے پردہ بھی ہو اور منہ پر کچھ لگے بھی نہیں۔ پردہ کے لیے بہتر یہ ہے کہ نقاب کے اوپر کوئی ''ہیٹ'' لگالیں تاکہ نقاب چہرے پر نہ لگ سکے۔

احرام کی تیاری کے بعد اگر مکروہ وقت نہ ہو تو سر ڈھانک کر دو رکعت نفل نماز توبہ کی نیت سے پڑھے۔ اس کے بعد درود شریف پڑھے سچے

دل کے ساتھ اپنے گزشتہ چھوٹے بڑے تمام گناہوں سے توبہ کرے زبان سے استغفار پڑھے، دل میں گزشتہ تمام گناہوں پر نادم ہو اور آیندہ کے لیے پختہ ارادہ کرے کہ پھر کبھی گناہ نہیں کرے گا۔

احرام کی نیت سے پہلے دو رکعت نماز ادا کرنا احرام کی سنت ہے۔ پہلی رکعت میں سورۃ الفاتحہ کے بعد سورۃ الکافرون اور دوسری رکعت میں سورۂ فاتحہ کے بعد سورۂ اخلاص پڑھنا بہتر ہے، اگر یہ دونوں سورتیں یاد نہیں تو کوئی اور دو سورتیں پڑھ لیں۔

اگر اس وقت خواتین کے ناپاکی کے ایام ہوں تو وہ نماز نہ پڑھیں بلکہ ویسے ہی احرام کی نیت کر کے تلبیہ پڑھ لیں۔

مرد حضرات نماز سے فارغ ہونے کے بعد سر سے ٹوپی یا کپڑا ہٹا لیں۔ بیٹھ کر عمرہ یا حج کی تینوں قسموں اِفراد، قران اور تمتع میں سے جس کا ارادہ ہو اس کی نیت کریں۔ مثلاً اگر عمرہ کے احرام کی نیت کا ارادہ ہو تو اس طرح کہیں ''اے اللہ! میں عمرہ کی نیت کرتا ہوں اسے میرے لیے آسان کیجیے اور قبول فرمائیں''۔

اگر حج اِفراد کے احرام کی نیت کا ارادہ ہوتو اس طرح کہیں:

''اے اللہ! میں حج کی نیت کرتا ہوں اسے میرے لیے آسان کیجیے اور قبول فرمائیں''۔

اگر حج قران کے احرام کی نیت کا ارادہ ہوتو اس طرح کہیں:

''اے اللہ! میں عمرہ اور حج دونوں اکھٹا کرنا چاہتا ہوں ان دونوں کو میرے لیے آسان فرما دیجیے اور قبول فرمائیں''۔

اگر حج تمتع کے احرام کی نیت کا ارادہ ہوتو کہے:

''اے اللہ! میں عمرہ کرنا چاہتا ہوں اسے میرے لیے آسان کیجیے اور قبول فرمائیے''۔

اس کے بعد مرد بلند آواز سے اور عورتیں آہستہ آواز سے تین مرتبہ تلبیہ پڑھیں۔تلبیہ کے الفاظ یہ ہیں:

لَبَّيْكَ اللّٰهُمَّ لَبَّيْكَ لَبَّيْكَ لَا شَرِيْكَ لَكَ لَبَّيْكَ
اِنَّ الْحَمْدَ وَالنِّعْمَةَ لَكَ وَالْمُلْكَ لَا شَرِيْكَ لَكَ۔

ترجمہ: حاضر ہوں اے اللہ! میں حاضر ہوں، حاضر ہوں آپ

کا کوئی شریک نہیں ہے، میں حاضر ہوں ساری تعریفیں اور سب نعمتیں صرف آپ ہی کے لیے ہیں اور ساری بادشاہی بھی آپ ہی کے اختیار میں ہے، آپ کا کوئی شریک نہیں۔

تلبیہ ایک دفعہ زبان سے پڑھنا تو احرام کے لیے شرط ہے اور تین دفعہ پڑھنا سنت ہے، اگر کسی نے تلبیہ دل سے کہا اور زبان سے نہیں کہا تو تلبیہ ادا نہیں ہوگا۔

نیت اور تلبیہ کے بغیر مُحرِم نہیں ہوتا۔ نیت کے ساتھ تلبیہ کہنے کے بعد اب باقاعدہ مُحرِم بن گئے اور احرام کی ساری پابندیاں شروع ہو گئیں۔ تلبیہ پڑھنے کے بعد نبی کریم ﷺ پر درود بھیجیں پھر جو دعا چاہیں مانگیں۔ یہ دعا مانگنا مستحب ہے۔

اَللّٰهُمَّ اِنِّیٓ اَسْئَلُكَ رِضَاكَ وَالْجَنَّةَ وَاَعُوْذُبِكَ مِنْ غَضَبِكَ وَالنَّار۔

احرام شروع ہونے کے بعد بہت سی چیزیں جو پہلے حلال تھیں

وہ بھی حرام ہو جاتی ہیں مثلاً خوشبو لگانا، بدن کی ہیئت پر سلا ہوا لباس پہننا، بال یا ہاتھ پاؤں کے ناخن کاٹنا، مردوں کے لیے سر اور منہ ڈھانکنا اور عورتوں کے لیے منہ ڈھانکنا، جوں مارنا، شکار کرنا، بیوی سے جماع کرنا یا بے حیائی کی باتیں کرنا وغیرہ۔

ہر نئی حالت پیش آنے پر تلبیہ پڑھنا مستحب ہے مثلاً جب گاڑی پر سوار ہو، گاڑی سے اترے، گاڑی کا رخ مڑے، اونچی جگہ پر چڑھے، وہاں سے اترے، نشیب میں آئے، فجر طلوع ہو سوتے ہوئے آنکھ کھلے، اسی طرح فرض و نفل نمازوں کے بعد، کسی سے ملاقات کے وقت ان تمام مواقع پر تلبیہ کہنا چاہیے اتنا زیادہ کہے، اتنا ہی افضل ہے۔

تلبیہ کے درمیان بات نہ کریں، بلندی پر چڑھتے وقت تلبیہ کے ساتھ اللہ اکبر ملانا مستحب ہے، نشیبی جگہ پہ اترتے وقت تلبیہ کے ساتھ سبحان اللہ ملانا مستحب ہے۔

حج تمتع کی صورت میں مکہ معظّمہ پہنچ کر عمرہ کا طواف شروع

کرنے سے پہلے تلبیہ پڑھنا بند کر دیا جائے گا۔

حج افراد اور حج قران میں یہ تلبیہ ۱۰ ذی الحجہ کو جمرۂ عقبہ یعنی بڑے شیطان کی رمی تک جاری رہے گا۔

جب تک تلبیہ پڑھنے کا حکم باقی رہے کثرت سے اور پورے ذوق و شوق سے تلبیہ پڑھنے کو جاری رکھا جائے اور تلبیہ پڑھتے وقت اس کے معنی کا بھی ضرور خیال رکھیں اور یہ تصور کہ ایک عاشق بے نوا اپنے مہربان آقا کے دربار میں کھینچا چلا جا رہا ہے۔

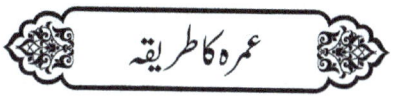

عمرہ کا طریقہ

عمرہ، حج اصغر یعنی چھوٹا حج ہے۔ عمرہ حج کے پانچ دن ۹ ذی الحجہ سے ۱۳ ذی الحجہ کے علاوہ باقی ہر مہینے ہر دن ہر رات ہو سکتا ہے۔ اس کے لیے کوئی مہینہ کوئی تاریخ اور کوئی دن مقرر نہیں ہے، جب اور جس وقت چاہیں آفاقی میقات یا میقات سے پہلے سے اور میقات

کے اندر رہنے والے حدود حرم سے باہر 'حل' سے احرام باندھیں۔
احرام کے محرمات اور مکروہات سے بچیں۔

طواف

مکہ مکرمہ میں انہی آداب و احترام کو ملحوظ رکھ کر مسجد حرام میں ''باب السلام'' یا ''باب العمرة'' سے یا جس گیٹ سے بھی موقع ہو داخل ہوں۔ اضطباع یعنی صرف مرد حضرات احرام کی چادر کو داہنی بغل کے نیچے سے نکال کر بائیں کندھے پر ڈال کر طواف کریں۔ جب پہلی بار حجر اسود کے برابر آئیں، تو حجر اسود سے معمولی بائیں جانب کھڑے ہو کر طواف کرنے کی نیت کریں۔ اس کے بعد بالکل حجر اسود کے برابر میں آجائیں، اور حجر اسود کے سامنے مکمل کھڑے ہو کر دونوں ہاتھوں کو دونوں کانوں تک اٹھاتے ہوئے: بِسْمِ اللهِ اَللهُ اَکْبَرُ وَلِلّٰهِ الْحَمْدُ کہیں۔ اس کے بعد حجر اسود کا استلام

کریں یعنی دونوں ہاتھوں کو حجر اسود کے برابر اٹھائیں اور ہتھیلیاں حجر اسود کی طرف ہوں اور ہاتھ کی پیٹھ اپنے سینے کی طرف ہو۔ یہ پڑھیں: "اَللّٰهُ اَكْبَرُ لَا اِلٰهَ اِلَّا اللّٰهُ وَالصَّلَاةُ وَالسَّلَامُ عَلٰى رَسُوْلِ اللّٰهِ"

اور دونوں ہاتھوں کی انگلیوں کے سرے کو چوم لیں۔ دائیں طرف منہ کر کے بیت اللہ کو بائیں جانب لے کر طواف شروع کریں۔ جب پہلی بار طواف کرنے کے لیے حجر اسود کے برابر کھڑے ہوں تو تلبیہ احرام باندھتے وقت شروع کیا تھا وہ بند کردیں۔

صرف مرد حضرات اگر بھیڑ نہ ہو اور چلنے میں کوئی دشواری نہ ہو تو طواف کے پہلے تین چکروں میں رمل کریں، یعنی اکڑ کر شانہ ہلاتے ہوئے، قریب قریب قدم رکھ کر ذرا تیزی سے چلیں۔ اگر ہجوم زیادہ ہے اور رمل کرنے میں دشواری ہے تو جیسے موقع ہو طواف کریں۔ ہر چکر مکمل ہونے کے بعد حجر اسود کے سامنے کھڑے ہو کر استلام کریں۔ پھر دوسرا چکر شروع کریں۔ اس طرح سات چکر مکمل

ہونے کے بعد آٹھویں دفعہ بھی حجر اسود کا استلام کریں اور طواف مکمل ہونے کے بعد اگر جگہ ملے تو ملتزم میں دعا کریں۔ اس کے بعد مقام ابراہیم اور بیت اللہ کے سامنے دو رکعت نماز پڑھیں۔ اگر یہاں جگہ نہیں تو حرم میں جہاں کہیں بھی جگہ ملے وہاں پڑھ لیں اور دعا کریں۔ آبِ زم زم پیئیں اور اللہ سے دعا کریں۔

سعی

اس کے بعد نویں دفعہ حجر اسود کا استلام کرنے کے بعد آنحضرت ﷺ کی سنت کے مطابق باب الصفا سے صفا کی طرف آئیں۔ باب الصفا حجر اسود کی سمت پر ہے۔ اگر کسی دوسرے دروازے سے جائیں تو یہ بھی جائز ہے۔ پھر صفا پر اتنا چڑھیں کہ بیت اللہ شریف بھی نظر آ سکے۔ اوپر چڑھتے وقت پڑھیں:

اَبْدَأُ بِمَا بَدَأَ اللهُ تَعَالٰی بِهٖ: اِنَّ الصَّفَا وَالْمَرْوَةَ مِنْ شَعَائِرِ اللهِ۔

موجودہ زمانے میں چند ستون ہیں۔ ان میں سے مغربی ستون کے قریب سے کعبۃ اللہ واضح طور پر نظر آتا ہے۔ قبلہ رخ کھڑے ہو کر سعی کی نیت اس طرح کریں کہ یا اللہ! میں آپ کی رضا کے لیے صفا مروہ کے درمیان سات چکر سعی کا ارادہ کرتا ہوں، اس کو میرے لیے آسان اور قبول فرمائیں۔

نیت زبان سے یا دل میں کسی بھی زبان میں کر سکتے ہیں۔ عربی زبان میں نیت کرنا ضروری نہیں اور یہ نیت دل میں کرنا کافی ہے مگر زبان سے بھی کہنا افضل ہے۔ نیت کے وقت ہاتھ نہ اٹھائیں۔

دونوں ہاتھوں کو اس طرح اٹھائیں جیسے دعا میں اٹھاتے ہیں۔ نماز کے شروع میں تکبیر تحریمہ کے وقت جس طرح ہاتھ اٹھاتے ہیں، اس طرح نہ اٹھائیں۔ بہت سے ناواقف لوگ اٹھاتے ہیں، یہ درست نہیں اور بیت اللہ شریف کی طرف ہاتھ سے اشارہ بھی نہ کریں۔ پھر بلند آواز میں تین مرتبہ پڑھیں:

اَللّٰہُ اَکْبَرُ اَللّٰہُ اَکْبَرُ وَلِلّٰہِ الْحَمْدُ۔

اور تین مرتبہ یہ دعا پڑھیں:

لَا اِلٰهَ اِلَّا اللهُ وَحْدَهٗ لَا شَرِيْكَ لَهٗ لَهُ الْمُلْكُ وَلَهُ الْحَمْدُ وَهُوَ عَلٰى كُلِّ شَيْءٍ قَدِيْرٌ لَا اِلٰهَ اِلَّا اللهُ وَحْدَهٗ اَنْجَزَ وَعْدَهٗ وَنَصَرَ عَبْدَهٗ وَهَزَمَ الْاَحْزَابَ وَحْدَهٗ۔

اس کے بعد اللہ تعالیٰ کی حمد وثنا کرے۔ اور یہ دعا پڑھیں:

سُبْحَانَ اللهِ وَالْحَمْدُ لِلّٰهِ وَلَا اِلٰهَ اِلَّا اللهُ وَاللهُ اَكْبَرُ وَلَا حَوْلَ وَلَا قُوَّةَ اِلَّا بِاللهِ۔

اس کے بعد دُرود شریف پڑھیں۔ اپنے لیے اپنے عزیز واقرباء اور پوری امت کے لیے دعا مانگیے۔ یہ دعا قبول ہونے کی جگہ ہے اور دعا مانگنا، سعی کے آداب میں سے ہے۔ اس کے بعد سعی شروع کردیں۔ سعی کے دوران اضطباع نہ کرے یعنی کندھا نہ کھلا رکھیں بلکہ کندھے ڈھکے ہوئے رکھیں۔ اللہ کا ذکر کرتے اور دعا مانگتے ہوئے صفا سے مروہ کی طرف چلیں۔ یہ دعا کی قبولیت کا مقام ہے، دعا مانگتے رہیں۔

تھوڑی دور چلنے کے بعد جب صفا اور مروہ کے درمیان وہ جگہ

آنے لگے، جہاں دیوار اور چھت پر ہرے رنگ کی ٹیوب لائٹ کی پٹی لگی ہوئی ہے اور بقدر 6 ہاتھ کے فاصلہ پر رہ جائے تو صرف مرد حضرات درمیانی چال سے دوڑنا شروع کریں۔ سبز ٹیوب لائٹ کی پٹی کے بعد بھی 6 ہاتھ تک دوڑتے رہیں اور پھر معمول کے مطابق چلیں۔ تیز دوڑنا مسنون نہیں ہے، بلکہ متوسط طریقہ سے اتنا دوڑنا چاہیے کہ رمل سے زیادہ اور بہت تیز دوڑنے سے کم رفتار ہو۔

بعض افراد تمام سعی میں جھپٹ کر چلتے ہیں اور بعض سبز ستونوں کے درمیان بہت تیزی سے دوڑتے ہیں، یہ دونوں طریقے ٹھیک نہیں۔ سبز لائٹوں کے درمیان درمیانی چال سے دوڑنا صرف مردوں کے لیے ہے، خواتین اپنی عام رفتار سے چلیں۔ سبز لائٹوں کے درمیان رسول اللہ ﷺ یہ دعا فرماتے، اس کے علاوہ جو بھی دعا چاہیں دعا مانگیے۔ کیوں کہ یہ قبولیت کا مقام ہے۔ دعا یہ ہے:

رَبِّ اغْفِرْ وَارْحَمْ اِنَّكَ اَنْتَ الْاَعَزُّ الْاَكْرَمُ۔

جب دونوں سبز لائٹوں کی پٹیوں سے گزر جائیں تو اس کے بعد

مروہ تک کی مسافت اپنی چال اور میانہ روی سے چل کر پوری کریں۔ مروہ پہنچ کر کشادہ جگہ پر رک جایئے، ذرا دائیں جانب کو مائل ہو کر اندازہ سے بیت اللہ شریف کی طرف رخ کر لیں۔

یہاں بھی اللہ سے دعا کیجیے، یہ بھی قبولیت کا مقام ہے۔ یہ صفا سے مروہ تک ایک ''چکر'' مکمل ہو گیا۔ اس کے بعد پھر صفا کی طرف چلیں۔ دونوں ہری لائٹوں کے درمیان پہلے کی طرح مرد دوڑ کر چلیں اور خواتین میانہ رفتاری سے معمول کے مطابق چلیں۔ صفا پر پہنچ کر اسی طرح ہاتھ اٹھا کر دعا اور ذکر کریں جیسے شروع میں کیا تھا۔ البتہ نیت دوبارہ نہ کریں، کیوں کہ نیت صرف شروع میں ایک دفعہ کی جاتی ہے، یہ مروہ سے صفا تک دو ''چکر'' ہو گئے۔ اس طرح سات چکر پورے کر لیں۔

حلق/قصر

سعی کے سات چکر مکمل ہونے کے بعد اگر مکروہ وقت نہیں ہے

توحلق یا قصر سے پہلے حرم میں آ کر دو رکعت نفل نماز پڑھیں۔ دکان یا قیام گاہ پر مرد حضرات بال منڈوا کر یا قصر کر کے حلال ہو جائیں اور احرام کے کپڑے بدل کر عام کپڑے پہن لیں۔

احرام کی پابندیاں ختم ہو گئیں اور عمرہ مکمل ہو گیا۔ خواتین سر کا حلق نہ کریں بلکہ صرف قصر کریں اور قصر یعنی بال کاٹنے کی صورت یہ ہے کہ سر کے سب بال اکٹھے کر کے آخر کے بال مٹھی میں پکڑ لیں۔ جو دو چار بال کچھ لمبے ہوں ان کو پہلے کاٹ کر نکال دیں۔ اس کے بعد تقریباً انگلی کے ایک پور کے برابر چاہے خاتون خود ہی کاٹ لے یا اس کا شوہر یا ایک عورت دوسری عورت کے بال کاٹ دے۔ لیکن کسی غیر محرم سے نہ کٹوائیں اور نہ مسجد میں بال گرائیں، بلکہ اپنے کمرہ میں یا مروہ کے باہر بال کاٹنے کی جگہ پر کاٹیں۔ حرم کی حدود میں بال کاٹنا ضروری ہے، بال کاٹنے کے بعد عمرہ مکمل ہو گیا۔

عمرہ کی جنایات یعنی جن باتوں سے دم لازم ہوگا

» اگر احرام کو میقات سے مؤخر کر دیا تو دم لازم ہے۔
» اگر عمرہ کا طواف بغیر وضو یا بغیر غسل کے کر لیا تو دم لازم ہوگا۔
» اگر عمرہ کرنے والے نے حلق سے پہلے سعی کر لی تو اس پر دم لازم ہے۔
» اگر عمرہ کرنے والے نے حرم سے باہر حلق کر لیا تو اس پر دم لازم ہے۔

حج کا طریقہ

حج کا لغوی معنی قصد و ارادہ کرنا ہے۔ حج کا اصطلاحی معنی میں حج دین کے ایک عظیم رکن کی ادائیگی کے لیے بطور تعظیم بیت اللہ کا قصد کرنا ہے۔ حج واجب ہونے کے لیے آزاد، عاقل، بالغ اور مسلمان ہونا شرط ہے۔ اس کے علاوہ کچھ شرائط یہ ہیں:

» صحتمند ہونا (یعنی جسم اور اعضاء و جوارح کا تندرست ہونا)۔

- توشہ سفر پر قادر ہونا۔
- سواری کا موجود ہونا اس طور پر کہ حاجی خود اس سواری کا مالک ہو، بطور عاریت یا اباحت کسی سے نہ لی جائے۔
- اتنا مال ہونا جو رہائش دیگر ضروریات اور حج سے واپس لوٹنے تک اہل وعیال کے نان نفقہ سے زائد ہو۔
- راستہ کا پُرامن ہونا۔
- عورت کے حق میں یہ شرط ہے کہ اس کے ساتھ کوئی محرم موجود ہو۔

حج کے فرائض

حج کے تین فرائض ہیں یعنی جن کے بغیر حج نہیں ہوگا۔

- احرام۔
- وقوف عرفہ۔
- طواف زیارت۔

حج کے واجبات

- یومِ نحر.....دس ذی الحجہ کو طلوع فجر کے بعد وقوف مزدلفہ کرنا۔
- صفا اور مروہ کے درمیان سعی کرنا۔
- رمی جمار.....تینوں جمرات کی رمی کرنا۔
- حرم میں ایام نحر کے دوران حلق یا قصر کرنا۔
- طواف صدر کرنا۔
- غروب آفتاب تک وقوف کرنا۔
- متمع یا قارن کے لیے ہدی (جانور) کو ذبح کرنا۔
- رمی، ذبح، اور حلق کے درمیان ترتیب رکھنا۔
- ایام نحر ۱۰، ۱۱، ۱۲/ ذی الحجہ میں سے کسی ایک دن طواف زیارت کرنا۔

حج کی سنتیں

- مُفرِد: یعنی حج افراد کرنے والا، آفاقی کا، اور قارِن یعنی حج

قران کرنے والے کا طواف قدوم کرنا۔

- رمل کرنا: جس طواف کے بعد سعی ہو اس کے پہلے تین چکر میں کندھے ہلا کر قدرے تیز چلنا۔
- اِضطباع: احرام کی چادر کو دائیں کاندھے کے نیچے سے نکال کر بائیں کاندھے کے اوپر ڈالنا۔
- یوم الترویہ: آٹھ ذی الحجہ کو منیٰ جانا اور آئندہ رات اور ایام نحر کی راتوں میں وہاں قیام کرنا۔
- یوم عرفہ کو سورج بلند ہونے کے بعد منیٰ سے عرفات کی طرف روانہ ہونا۔
- یوم النحر کی رات مزدلفہ میں گزارنا۔
- عرفات میں غسل کرنا۔

حج اِفراد کرنے والے کے لیے افعال حج

- احرام..... شرط ہے۔

- طواف قدوم.....آفاقی کے لیے سنت ہے۔
- وقوف عرفہ.....رکن ہے۔
- وقوف مزدلفہ.....واجب ہے۔
- جمرۂ عقبہ کی رمی کرنا.....واجب ہے۔
- قربانی.....مستحب ہے۔
- حلق یا قصر کرنا.....واجب ہے۔
- طواف زیارت.....رکن ہے۔
- سعی کرنا.....واجب ہے۔
- جمرات کی رمی کرنا.....واجب ہے۔
- طواف وداع کرنا.....یقات کے باہر سے آنے والوں کے لیے واجب ہے۔

تنبیہ

حج افراد کرنے والے کو سعی سے متعلق اختیار ہے، چاہے تو طواف

قدوم کے بعد سعی کرلے اور اگر چاہے تو طواف زیارت کے بعد سعی کرلے۔

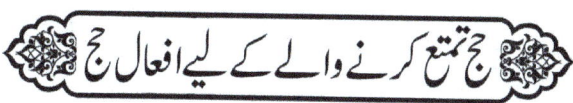
حج تمتع کرنے والے کے لیے افعال حج

- عمرہ کا احرام.....شرط ہے۔
- عمرہ کا طواف کرنا.....رکن ہے۔
- عمرہ کی سعی کرنا.....واجب ہے۔
- حلق یا قصر کرنا.....واجب ہے۔
- یوم ترویہ کو یا اس سے پہلے حج کا احرام باندھنا.....شرط ہے۔
- وقوف عرفہ کرنا.....رکن ہے۔
- وقوف مزدلفہ کرنا.....واجب ہے۔
- جمرۂ عقبہ کی رمی کرنا۔
- قربانی.....دم شکر ادا کرنا واجب ہے۔

» طواف زیارت کرنا.....رکن ہے۔

» حج کی سعی کرنا.....واجب ہے۔

» جمرات کی رمی کرنا.....واجب ہے۔

» طواف وداع کرنا.....واجب ہے۔

حج قران کے لیے افعال حج

» حج اور عمرہ کا احرام باندھنا.....شرط ہے۔

» عمرہ کا طواف کرنا.....رکن ہے۔

» عمرہ کی سعی کرنا.....واجب ہے۔

» طواف قدوم کرنا.....سنت ہے۔

» حج کی سعی کرنا.....واجب ہے۔

» وقوف عرفہ کرنا.....رکن ہے۔

» وقوف مزدلفہ کرنا.....واجب ہے۔

- جمرۂ عقبہ کی رمی کرنا.....واجب ہے۔
- قربانی.....دم قران ادا کرنا۔
- حلق یا قصر کرنا.....واجب ہے۔
- طواف زیارت کرنا.....رکن ہے۔
- جمرات کی رمی کرنا.....واجب ہے۔
- طواف وداع کرنا.....واجب ہے۔

حج کا مختصر طریقہ

حج اِفراد کرنے والا احرام باندھتے ہوئے صرف حج کی نیت کرے گا اور حج تمتع کرنے والا صرف عمرہ کی نیت سے احرام باندھے گا۔ حج قران کرنے والا ایک ہی احرام میں حج و عمرہ دونوں کی نیت کرے گا۔ حج اِفراد کرنے والا حاجی اگر حدودِ حرم کے باہر سے آیا ہے تو وہ سب سے پہلے طواف قدوم کرے گا، اور اگر حدود حرم میں

ہی پہلے سے رہائش پذیر ہے تو اس پر طواف قدوم نہیں ہے۔ حج تمتع اور قران کرنے والا حاجی میقات سے احرام باندھے گا۔ متمتع صرف عمرہ کی نیت کرے گا اور قارن حج اور عمرہ دونوں کی نیت کرے گا۔ حاجی چاہے متمتع ہو یا قارن، عمرہ کرے گا۔ عمرہ کے بعد متمتع حلال ہو جائے گا جب کہ قارن حلال نہیں ہوگا، بلکہ اپنے احرام کو جاری رکھے گا۔ متمتع نیا احرام باندھے گا اور آٹھ (۸) ذی الحجہ کی فجر کی نماز کے بعد منیٰ جائے گا، یہی حکم مفرد اور قارن کے لیے بھی ہے۔

وہاں نو (۹) ذی الحجہ کی صبح تک رہے گا۔ نو (۹) ذی الحجہ کی فجر کی نماز کے بعد عرفات جائے گا اور غروبِ آفتاب تک وہاں ٹھہرے گا۔ غروب آفتاب کے بعد مزدلفہ کے لیے روانہ ہوگا۔ رات مزدلفہ میں قیام کرے گا اور فجر کی نماز مزدلفہ میں ادا کرنے کے بعد منیٰ کے لیے روانہ ہوگا۔ منیٰ پہنچ کر بڑے شیطان کو کنکریاں مارے گا۔ متمع اور قارن قربانی بھی کریں گے۔

اس کے بعد حلق کرا کر احرام سے نکل جائے گا، تاہم طوافِ

زیارت سے پہلے بیوی اس پر حلال نہیں ہوگی۔ اس کے بعد طوافِ زیارت کرنا چاہے تو اسی دن کر لے، ورنہ بارہ (۱۲) ذی الحجہ کی مغرب سے پہلے پہلے تک کسی بھی وقت کر سکتا ہے۔ طوافِ زیارت کے بعد صفا اور مروہ کی سعی بھی کر لے۔ اس کے بعد واپس منیٰ آجائے یا اپنی رہائش پر جانا چاہے تو جا سکتا ہے، تاہم رات منیٰ میں گزارے کہ یہ مسنون ہے۔ اگلے دن گیارہ (۱۱) ذی الحجہ اور اس سے اگلے دن بارہ (۱۲) ذی الحجہ کو زوال کے بعد تینوں شیطانوں کی رمی کرے۔ زوال سے پہلے رمی کرنا درست نہیں ہے۔

گیارہ (۱۱) ذی الحجہ کی رات بھی منیٰ میں گزارنا مسنون ہے۔

بارہ (۱۲) ذی الحجہ کی رمی سے فارغ ہونے کے بعد اگر وہ حدودِ حرم سے باہر کا رہائش پذیر ہے تو اس کو اپنے وطن واپسی سے پہلے طوافِ وداع کرنا واجب ہے۔ اگر حاجی حدودِ حرم کا ہی رہائشی ہے تو بارہ (۱۲) ذی الحجہ کی رمی کے بعد اس کا حج مکمل ہو جائے گا۔

حج کے افعال ایام کی ترتیب سے

ایام حج پانچ ہیں، یوم الترویہ یعنی آٹھ ذی الحجہ۔ یوم عرفہ یعنی نو ذی الحجہ۔ یوم النحر یعنی دس ذی الحجہ، گیارہ ذی الحجہ اور بارہ ذی الحجہ۔ تیرہ ذی الحجہ کا دن اختیاری ہے۔

آٹھ ذی الحجہ کے افعال

- آفتاب طلوع ہونے کے بعد مکہ مکرمہ سے منیٰ روانہ ہوں۔
- منیٰ میں ظہر، عصر، مغرب اور عشاء کی نمازیں اپنے اپنے وقت پر پڑھیں۔

نو ذی الحجہ کے افعال

- منیٰ میں فجر کی نماز ادا کریں۔

- آفتاب طلوع ہونے کے بعد عرفات روانہ ہوں۔
- عرفات میں زوال آفتاب کے بعد کی حاضری سے ہی حج کا فریضہ ادا ہو جاتا ہے، خواہ ایک لمحہ کے لیے ہی ہو۔
- عرفات میں اپنے خیمہ میں ظہر کے وقت ظہر اور عصر کے وقت عصر کی نماز پڑھنی ہے۔ اگر کوئی شخص مسجد نمرہ میں ظہر اور عصر کی نماز باجماعت ادا کرے تو وہ دونوں نمازیں ایک ساتھ پڑھے گا۔
- زوال آفتاب کے بعد قیام کریں دعا اور عبادت میں مشغول رہیں۔
- آفتاب غروب ہونے کے بعد مزدلفہ کو روانہ ہوں۔
- مغرب کی نماز عرفہ میں یا راستہ میں ادا نہ کریں بلکہ مزدلفہ پہنچ کر مغرب اور عشاء کی نمازیں ملا کر پڑھنی ہیں خواہ انفرادی پڑھیں یا جماعت سے۔ دونوں نمازیں جمع کرنے کا طریقہ یہ ہے کہ پہلے مغرب کی فرض پڑھیں، پھر عشاء کے فرض پڑھیں پھر مغرب اور عشاء کی سنتیں، پھر وتر پڑھیں۔

- رمی کے لیے ستر کنکریاں چن لیں۔
- ساری رات مزدلفہ میں ٹھہرنا ہے، آرام بھی کر سکتے ہیں جاگنا ضروری نہیں ہے۔

دس ذی الحجہ کے افعال

- وقوف مزدلفہ: آج کے دن سب سے پہلے مزدلفہ میں وقوف کرنا ہے اس کا وقت دسویں ذی الحجہ کی صبح صادق سے سورج طلوع ہونے تک ہے خواہ تھوڑی دیر کے لیے ہو۔ مزدلفہ میں فجر کا وقت ہونے پر فجر کی نماز پڑھی جائے گی۔
- منٰی روانگی: آفتاب طلوع ہونے سے تھوڑی دیر پہلے منٰی کو روانہ ہوں منٰی میں سب سے پہلے رمی کرنی ہے، اگر تمتع یا قارن ہوتو قربانی کرے، اس کے بعد حلق یا قصر کرے۔
- رمی: آج کے دن صرف بڑے جمرے یعنی جمرۂ عقبہ کی رمی کرنی

ہے اس دن رمی کا وقت صبح صادق سے گیارہویں کی صبح صادق تک ہے۔ سورج نکلنے سے زوال تک مسنون ہے۔ زوال سے غروب تک بلا کراہت جائز ہے اور غروب کے بعد مکروہ ہے۔ نیز دسویں کی صبح صادق سے طلوع آفتاب تک بھی مکروہ ہے رمی شروع کرنے سے پہلے تلبیہ پڑھنا بند کر دیا جائے۔

- قربانی: رمی کے بعد حج تمتع اور قران کرنے والوں پر حج کی قربانی کرنا لازم ہے۔ مفرد پر قربانی واجب نہیں۔
- حلق کرنا: مردوں کو سر کے بال منڈوانا اور خواتین کو سر کی چوٹی کے چوتھائی بال انگلی کے ایک پورے کے برابر یا کچھ زیادہ خود کترنا یا اپنے محرم سے یا کسی عورت سے کتروانا واجب ہے۔ حلق کراتے ہی احرام سے نکل جاتے ہیں اب سلے کپڑے پہن سکتے ہیں۔ رمی کے بعد حلق کرا کر احرام سے نکل جائے۔ اگر مفرد حج کی قربانی کرے رمی کے بعد قربانی کر کے

حلق کرائے اور احرام سے نکل جائے۔

» طواف زیارت: یہ حج کا رکن ہے، اس کا وقت دسویں ذی الحجہ کی صبح صادق سے لے کر بارہویں ذی الحجہ کے غروب آفتاب تک ہے۔ البتہ دسویں ذی الحجہ کو رمی قربانی اور حلق کے بعد طواف زیارت کرنا افضل ہے۔

بارہویں کے غروب آفتاب کے بعد مکروہ تحریمی ہے۔ اگر بارہویں تاریخ کے غروب کے بعد طواف زیارت کیا تو دم واجب ہوگا۔

» حج کی سعی: متمتع اور قارن طواف زیارت کے بعد حج کی سعی کریں گے۔ اب احرام سے نکل چکے ہیں طواف زیارت میں صرف مردوں کو رمل کرنا ہے۔

مفرد اگر طواف قدوم کے بعد حج کی سعی کر چکا ہو تو اب سعی نہیں کرے اور نہ طواف زیارت میں رمل کرے۔

گیارہ ذی الحجہ کے افعال

زوال آفتاب کے بعد تینوں جمرات کی ترتیب وار رمی کرنی ہے اس کا وقت زوال سے لے کر اگلے دن کی صبح صادق تک ہے۔ آفتاب تک مسنون اور غروب کے بعد طلوع صبح صادق تک مکروہ ہے۔

بارہ ذی الحجہ کے افعال

« زوال آفتاب کے بعد تینوں جمرات کی رمی کرنی ہے اس کا وقت بھی گیارہویں تاریخ کی طرح ہے۔ رمی کے بعد مکہ مکرمہ واپس ہو جائیں۔

تیرہ ذی الحجہ کے افعال

« اگر تیرہ ذی الحجہ کی صبح صادق منیٰ میں ہوگئی تو آج کی بھی رمی

کرنا واجب ہے۔ اس کا وقت صبح صادق سے غروب تک ہے، البتہ زوال سے پہلے مکروہ ہے اور زوال کے بعد غروب تک مسنون ہے۔

☆ طواف وداع: طواف زیارت کے بعد وطن واپسی کے وقت طواف وداع کرنا واجب ہے۔ اگر طواف زیارت کے بعد نفلی طواف کر لیا اور طواف وداع کی نیت سے طواف کا موقع نہ مل سکا تو یہ نفلی طواف، طواف وداع کے قائم مقام ہو جائے گا۔

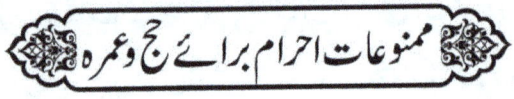

ممنوعات احرام برائے حج و عمرہ

1. فحش گوئی۔
2. اللہ کی نافرمانی، گناہ کرنا۔
3. لڑائی جھگڑا کرنا۔
4. زمینی شکار کو قتل کرنا۔

5. شکار کی طرف اشارہ کرنا۔

6. شکار کی طرف رہنمائی کرنا۔

7. سِلے ہوئے کپڑے پہننا۔

8. سر ڈھانپنا۔

9. چہرہ ڈھانپنا۔

10. ایسا کپڑا پہننا جو سلا ہوا تو نہ ہو لیکن جسم کے اعضاء کی ہیئت پر بُنا گیا ہو، یا بنایا گیا ہو۔

11. ہاتھوں میں دستانے پہننا، یا پاؤں میں موزے پہننا، سوائے اس کے کہ جس شخص کو چپل میسر نہ ہوں، وہ موزوں کو پاؤں کی اُبھری ہوئی ہڈی کی طرف سے کاٹ دے۔

12. خوشبو لگانا۔

13. سر مُنڈوانا یا بال کتروانا۔

داڑھی کتروانا۔

15 جسم کے کسی بھی حصے کے بال ہٹانا، چاہے جس طریقے سے بھی ہو۔

16 ناخن کاٹنا۔

17 زعفران یا کسی اور خوشبودار چیز سے رنگے ہوئے کپڑے پہننا اِلا یہ کہ وہ اس طرح دُھلا ہوا ہو کہ اُس سے خوشبو نہ جھڑتی ہو۔

18 ہمبستری کرنا، شرمگاہ کے علاوہ میں جماع کرنا۔

19 خوشبو والا تیل استعمال کرنا۔

طواف کی اقسام اور ان کا حکم

- طواف قدوم.....وہ پہلا طواف جو مفرد آفاقی شخص مکہ آکر کرتا ہے، اور اس کو ''طواف تحیہ''، ''طواف لقاء'' اور ''طواف اوّل عہد بالبیت'' بھی کہا جاتا ہے۔ طواف قدوم مفرد آفاقی اور قارِن کے لیے سنت ہے۔
- طواف صدر: صدر کا لغوی معنی ہے: ''لوٹنا'' طواف صدر وہ

طواف ہوتا ہے جو حاجی حرم سے لوٹتے وقت کرتا ہے۔ اور اس طواف کو "طوف وداع" اور "طواف آخر عہد بالبیت" بھی کہا جاتا ہے۔ طواف صدر اُس شخص کے لیے واجب ہے، جس کی رہائش حرم میں نہیں ہے۔

- طواف زیارت: یہ وہ طواف جو حاجی حلق سے فارغ ہونے کے بعد ایام نحر میں سے کسی ایک دن کرتا ہے اور اس طوف کو "طواف مفروض" بھی کہا جاتا ہے۔ طواف زیارت ہر حاجی پر رکن لازم ہے۔
- طواف عمرہ: وہ طواف جو عمرہ کرنے والا بیت اللہ کے اِرد گرد کرتا ہے۔ طواف عمرہ ہر عمرہ کرنے والے کے لیے رکن لازم ہے۔
- طواف نفل: وہ طواف جو انسان نفلی طور پر کرتا ہے، جب چاہے کرسکتا ہے۔ طواف نفل ہر اُس شخص کے لیے جو بیت اللہ کی زیارت کے لیے آئے، مستحب ہے۔

جنایات

جنایات سے مراد وہ افعال ہیں جن کے کرنے سے مُحرِم پر دم یا
صدقہ لازم ہوتا ہے۔ جنایات کی دو قسمیں ہیں:

1 احرام کی جنایت، یعنی احرام کے ممنوعات میں سے کسی ایک کا ارتکاب کرنا۔

2 حج اور عمرہ کے افعال میں جنایت کرنا جیسے واجب کا ترک وغیرہ۔

احرام کی جنایات

1 مردوں کا سلے ہوے کپڑے پہننا، نہ کہ عورتوں کا۔

2 مردوں کا سر ڈھانکنا۔

3 مردوں اور عورتوں دونوں کا چہرہ ڈھانکنا۔

3 جسم یا احرام کے کپڑوں یا بستر میں خوشبو لگانا۔

5. حلق یا قصر کرنا چاہے کسی جگہ سے بھی ہو۔
6. ناخن کاٹنا۔
7. زمینی جانور کا شکار کرنا یا اس کی طرف رہنمائی کرنا، یا اس کی طرف اشارہ کرنا۔
8. جماع یا دواعی جماع، جماع کی طرف بلانے والے افعال کرنا بوسہ لینا، اور شہوت سے چھونا۔

جزاء کی تفصیل

» اگر مرد جو احرام کی حالت میں ہو، سلا ہوا کپڑا پہن لے اور وہ کپڑا جسم کی ہیئت پر یا بعض اعضاء کی ہیئت پر بنا ہوا ہو چاہے بھولے سے پہن لے یا جان بوجھ کر، عذر کی وجہ سے یا بغیر عذر کے تو اُس پر جزاء لازم ہے۔ اگر محرم سلا ہوا کپڑا پہن لے اور ایک دن یا ایک دن یا ایک رات یا اتنی مقدار اسی حالت

میں رہے تو اس پر دم لازم ہے۔

- اگر ایک دن یا ایک رات سے کم پہنے، تو اس پر صدقہ لازم ہے۔
- اور اگر ایک دن یا ایک رات سے زیادہ پہن لیا، تو اس صورت میں بھی ایک "دم" کافی ہے، بشرطیکہ ان دنوں کے درمیان ذبح نہ کیا ہو۔
- اگر سِلا ہوا کپڑا اس حالت میں پہن لیا کہ اُس پر خوشبو بھی لگی ہوئی تھی، تو اُس پر دو دم لازم ہیں، ایک دم سِلا ہوا کپڑا پہننے کے بدلے اور ایک خوشبو استعمال کرنے کے بدلے۔
- اگر محرم نے دستانے یا موزے پہن لیے اور ایک دن یا ایک رات، یا اتنی مقدار اسی حالت میں رہا، تو اُس پر دم لازم ہے بشرطیکہ موزوں سے وہ ہڈیاں چھپ رہی ہوں جو دونوں قدموں کے درمیان ہیں۔
- اور اگر موزے یا دستانے ایک دن یا ایک رات سے کم پہنے تو صدقہ لازم ہے۔

سر اور چہرہ ڈھانکنے کے احکامات

- اگر محرم مرد پورا سر یا پورا چہرہ یا دونوں میں سے کسی ایک کا چوتھائی حصہ ڈھانک لے یا محرم عورت پورا چہرہ یا چہرہ کے ایک چوتھائی حصہ ڈھانک لے ایک دن، یا ایک رات یا اتنی مقدار، تو اس پر دم لازم ہے، چاہے اُس کو اِس حکم سے متعلق علم ہو یا نہ ہو، بھولے سے کیا ہو یا جان بوجھ کر کیا ہو، سوتے ہوئے کیا ہو یا جاگتے ہوئے کیا ہو، عذر کی بناء پہ کیا ہو یا بغیر عذر کے کیا ہو۔
- اگر ایک دن یا ایک رات سے کم ڈھانکا ہو یا ایک چوتھائی سے کم ڈھانکا ہو تو اس پر صدقہ لازم ہے۔
- اگر مُحرم نے اپنے کان یا گُدی، یا ٹھوڑی سے نیچے داڑھی کا حصہ ڈھانک لیا تو اس پر کچھ بھی لازم نہیں ہے۔
- اگر مُحرم نے ایسی چیز سے سر یا چہرہ ڈھانکا کہ عادۃً اُس سے ڈھانکا

نہیں جاتا تو کچھ بھی لازم نہیں ہوگا، کیوں کہ ممنوع ایسی چیز سے ڈھانکنا ہے کہ جس سے عادۃً ڈھانکا جاتا ہو جیسے چادر یا رومال۔

- اگر مُحرِم نے کعبہ کے پردوں کے نیچے اپنا سر داخل کر دیا، تو کچھ بھی لازم نہیں ہوگا، لیکن ایسا کرنا مکروہ ہے۔

بدن یا کپڑے پر خوشبو لگانے کے احکامات

- اگر مُحرم نے ایک کامل عضو یا اس سے زیادہ پر عطر لگا لی، تو اس پر دم لازم ہے، جب کہ خوشبو تھوڑی ہو۔
- ایک عضو سے کم حصہ پر لگانے سے صدقہ لازم ہے، عضو سے مراد جیسے: سر، ران، پنڈلی، ہاتھ اور بازو وغیرہ۔
- اگر خوشبو زیادہ ہو اور اس کو استعمال کر لیا تو دم لازم ہوگا اگرچہ ایک عضو سے کم میں استعمال کی ہو۔
- اگر پورے بدن پر خوشبو لگا لی تو ایک ہی دم کافی ہو جائے گا

اگر ایک ہی مجلس میں ایسا کیا ہو۔

- اگر مختلف مجالس میں خوشبو لگائی تو مجلس کے بڑھنے سے دم بھی بڑھتے چلے جائیں گے۔
- اگر مُحرم نے اپنے پہنے ہوئے کپڑے پر خوشبو لگالی یا کپڑے پر خوشبو لگا کر پھر اس کو پہن لیا اور جتنے حصہ پر خوشبو لگائی ہے، وہ ایک بالشت سے زیادہ ہو، اور دن یا ایک رات کے بقدر اسے پہنے رکھا تو اس پر دم لازم ہے۔
- اور اگر ایک در ایک بالشت ہو ایک دن یا ایک رات اسی حالت میں رہا، تو اس پر صدقہ لازم ہے جب کہ خوشبو تھوڑی ہو۔
- اگر خوشبو ایک در ایک بالشت سے کم میں لگائی ہو تو اس پر صدقہ لازم ہے۔
- اگر خوشبو زیادہ ہو، اور ایک بالشت سے کم میں لگائی ہو تو اس صورت میں بھی دم لازم ہوگا۔
- خوشبو والے تیل کا حکم بھی خوشبو کی طرح ہے۔

ناخن کاٹنے کے احکامات

- اگر دونوں ہاتھ اور پاؤں کے ناخن کاٹ لیے تو دم لازم ہوگا۔
- اگر ایک ہاتھ یا ایک پاؤں کے ناخن کاٹے تو بھی دم لازم ہوگا۔
- دونوں ہاتھ اور پاؤں میں سے ہر ایک کے ناخن الگ الگ مجلسوں میں کاٹے تو جتنی مجلسیں بڑھیں گی اتنی جزاء بھی بڑھتی چلی جائے گی۔
- اگر ایک عضو صرف ایک ہاتھ، یا صرف ایک پاؤں کے پانچ سے کم ناخن کاٹے تو اس صورت میں صدقہ لازم ہوگا۔
- اگر ایک عضو سے زائد سے پانچ ناخن کاٹ لیے تو اس صورت میں شیخین رحمۃ اللہ علیہما کے نزدیک صدقہ لازم ہے اور امام محمد رحمۃ اللہ علیہ کے نزدیک دم لازم ہے۔

سر مونڈنے کے احکامات

- اگر مُحرم اپنا سر یا داڑھی مونڈ لے دونوں میں کسی ایک کا چوتھائی حصہ مونڈ لے تو اس پر دم لازم ہے۔
- اگر ایک چوتھائی سے کم حلق کیا تو اس پر صدقہ لازم ہے۔
- اگر زیر ناف بال یا بغل کے بال مونڈے تو بھی دم لازم ہے۔
- اور بال چھوٹے کرنے کا بھی وہی حکم ہے جو حلق کرنے کا ہے۔
- اگر بالوں کو کسی ایسی چیز سے صاف کیا جو زائل کرنے کے لیے ہی استعمال ہوتی ہے، یا بالوں کو نوچ لیا، دانتوں سے کھینچ لیا، تو یہ بھی حلق ہی کے حکم میں ہے۔
- اگر گردن پر حجامہ لگانے والی جگہ سے بالوں کو حلق کیا تو امام ابو حنیفہ رحمۃ اللہ علیہ کے نزدیک دم لازم ہوگا اور صاحبین رحمۃ اللہ علیہما کے نزدیک صدقہ لازم ہوگا۔
- جزاء کے سلسلے میں عورت، مرد کی طرح ہے۔

» جزاء لازم ہونے کے سلسلے میں اس سے کوئی فرق نہیں پڑتا، محرم نے خود حلق کیا ہو، یا کسی اور نے حلق کیا ہو، محرم کی اجازت سے کیا ہو، یا بغیر اجازت کے کیا ہو، خوشی سے کیا ہو یا زبردستی کیا ہو، جہالت میں کیا ہو، یا معلوم ہونے کی حالت میں کیا ہو، جان بوجھ کر کیا ہو، یا غلطی سے کیا ہو یا بھولے سے کیا ہو۔

فائدہ: معذورین کے احکام کے بیان میں

» اگر مُحرم نے ممنوعات احرام میں سے کسی ایک کا ارتکاب کرلیا کسی عذر کی وجہ سے مثلاً: بخار کی وجہ سے یا جُوؤں کی کثرت کی وجہ سے یا سخت گرمی یا سردی کی وجہ سے، تو اس کو تین باتوں میں سے کسی ایک کا اختیار ہے، ان ممنوعات کے ارتکاب میں جن میں دم لازم ہوتا ہے۔

» حرم میں ایک بکری ذبح کرلے۔

» تین صاع گندم یا چھ صاع کشمش، کھجور یا جَو صدقہ کردے چھ

مساکین پر۔

- تین دن کے روزے رکھے۔

اور وہ ممنوعات جن کے ارتکاب سے صدقہ لازم ہوتا ہے، وہاں دو باتوں کے درمیان اختیار ہے۔

- آدھا صاع گندم یا ایک صاع جو، کشمش یا کھجور صدقہ کرے۔
- ایک دن کا روزہ رکھ لے۔

جماع اور دواعی جماع کے احکامات

- اگر محرم نے اپنی بیوی یا کسی امرد کا بوسہ لیا یا شہوت سے چھولیا، تو اس پر دم لازم ہے، چاہے انزال ہوا ہو، یا نہ ہوا ہو۔
- اگر حج کا احرام باندھنے والے نے آگے یا پیچھے کے راستہ سے وقوف عرفہ سے پہلے جماع کر لیا تو اس کا حج فاسد ہو جائے گا اور اس پر ایک بکری لازم ہوگی، اور یہ حج اسی طرح جاری رکھے گا جس طرح کہ وہ شخص جاری رکھتا ہے جس کا حج فاسد نہ ہوا ہو، اور اس سال کے آئندہ سالوں میں اس حج کی قضا کرے گا۔

- اگر محرم بالحج نے وقوف عرفہ کے بعد جماع کرلیا طواف زیارت اور حلق سے پہلے پہلے تو اس پر بدنہ اونٹ یا گائے لازم ہے، اور حج فاسد نہیں ہوگا۔
- اگر حلق کے بعد اور طواف زیارت سے پہلے جماع کرلیا، یا طواف زیارت کے بعد اور حلق سے پہلے جماع کرلیا تو اس پر ایک بکری لازم ہوگی۔
- اگر محرم بالعمرہ نے عمرہ کے طواف کے چار چکر لگانے سے پہلے جماع کرلیا، تو اس کا عمرہ فاسد ہو جائے گا، اور یہ عمرہ پورا کرے گا، اور پھر قضا کرے گا، اور اس پر دم بھی لازم ہوگا۔
- اگر عمرہ کرنے والے نے طواف کے چار چکر لگانے کے بعد جماع کرلیا تو اس پر ایک بکری لازم ہوگی اور عمرہ فاسد نہیں ہوگا۔ جماع جان بوجھ کر کیا ہو، یا بھولے سے کیا ہو، اس سے کوئی فرق نہیں پڑتا۔

حج قران کرنے والے کے لیے خصوصی حکم

اگر حج قران کرنے والے نے ممنوعات احرام میں سے کسی ایک

ارتکاب کرلیا تو اس پر دو دم لازم ہوں گے، ایک حج کا اور ایک عمرہ
کا مگر ایک صورت میں صرف ایک ہی دم لازم ہوگا۔ میقات سے بغیر
احرام کے گزر جائے تو اس صورت میں ایک ہی دم لازم ہوگا۔

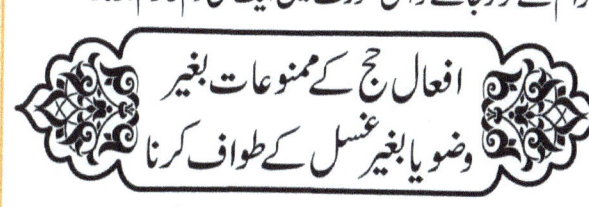

افعال حج کے ممنوعات بغیر وضو یا بغیر غسل کے طواف کرنا

- اگر بغیر وضو کے طواف قدوم، طواف صدر یا نفلی طواف کرلیا تو صدقہ لازم ہے۔ اور صدقہ کی مقدار ہر ایک چکر کے بدلے میں آدھا صاع گندم ہے
- اگر بغیر غسل کے طواف قدوم، طواف صدر یا نفلی طواف کرلیا تو بکری لازم ہے۔
- اگر طواف زیارت بغیر وضو کے کرلیا تو بکری لازم ہے۔
- اگر طواف زیارت جنابت کی حالت میں کرلیا، تو بدنہ اونٹ، یا گائے لازم ہے۔ یہ ہی حکم اُس عورت کا ہے جو حیض یا نفاس کی

حالات میں طواف کرلے۔

» اگر بغیر وضو یا غسل کے طواف کرلیا اور پھر اس کو پاکی کی حالت میں لوٹا دیا، تو جزاء ساقط ہو جائے گی۔

واجبات کو چھوڑنے کے احکام

» اگر کسی نے سارے یا اکثر واجبات چھوڑ دیے تو اس پر دم لازم ہے۔

» اگر کسی نے کسی جمرات میں سے کسی ایک جمرہ کی رمی کسی ایک دن چھوڑ دی تو اس پر صدقہ لازم ہے۔

» جو شخص غروب آفتاب سے پہلے عرفات سے نکل جائے تو اس پر دم لازم ہے، لیکن اگر غروب سے پہلے پہلے عرفات لوٹ آیا تو دم ساقط ہو جائے گا۔

» جس نے طواف وداع، یا اُس کے چار چکر لگانا چھوڑ دیے تو اس پر دم لازم ہے۔ اگر تین چکر چھوڑ دیے تو اس پر صدقہ لازم ہے۔ اگر مکہ لوٹ کر دوبارہ طواف کرلیا تو جزاء ساقط ہو جائے گی۔

افعال میں ترتیب ملحوظ نہ رکھنے کے احکامات

- اگر متمتع یا قارن نے جمرۂ عقبہ کی رمی سے پہلے قربانی کر لی، یا قربانی سے پہلے حلق کر لیا، تو اس پر دم لازم ہے۔
- اگر مفرد نے جمرۂ عقبہ کی رمی سے پہلے حلق کر لیا تو اس پر دم لازم ہے۔

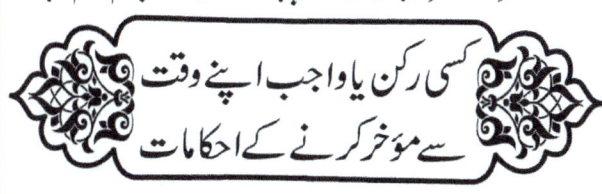

کسی رکن یا واجب اپنے وقت سے مؤخر کرنے کے احکامات

- اگر طواف زیارت کو ایام نحر سے مؤخر کر دیا، تو دم لازم ہے۔ اگر عورت اپنے عذر کی بنا پر مؤخر کرتی ہے تو دم لازم نہیں ہے۔
- اگر متمتع یا قارن نے ایام نحر کے بعد ہدی ذبح کر دی، تو اس پر دم لازم ہے۔
- اگر حلق یا قصر کو ایام نحر سے مؤخر کر دیا تو دم لازم ہے۔

مسنون دعائیں

(۱) سفر شروع کرنے سے پہلے دو رکعت نماز سفر پڑھے، پہلی رکعت میں سورۃ الکافرون پڑھے اور دوسری رکعت میں سورۃ الاخلاص پڑھے:

(۲) سفر شروع کرنے سے پہلے یہ دعائیں پڑھے:

اَللّٰھُمَّ بِکَ اُحَاوِلُ وَبِکَ اُصَاوِلُ وَبِکَ اَسِیْرُ۔

ترجمہ: ''اے اللہ! تیری ہی مدد سے میں چلتا پھرتا ہوں اور تیری ہی مدد سے میں حملہ کرتا ہوں اور تیری ہی مدد سے میں قتال کرتا ہوں''۔

یَا کَرِیْمُ، یَا رَحِیْمُ، یَا حَفِیْظُ، یَا سَلَامُ۔ (تین مرتبہ پڑھیں)

اللہُ حَفِیْظٌ لَطِیْفٌ قَدِیْمٌ اَزَلِیٌّ حَیٌّ قَیُّوْمٌ لَا یَنَامُ

(سات بار پڑھیں)

یَا رَقِیْبُ (117 بار پڑھ کر سامان پر دم کریں اور سات بار سامان پر بغیر روشنائی کے انگلی سے لکھیں)

وَاللہُ مِنْ وَّرَائِھِمْ مُّحِیْطٌ (سات بار پڑھ کر سامان پر دم کریں)

ترجمہ: ''اور خدا ان کو ہر طرف سے گھیرے ہوئے ہے''۔

بِسْمِ اللّٰہِ وَ اعْتَصَمْتُ بِاللّٰہِ وَ تَوَکَّلْتُ عَلَى اللّٰہِ وَ لَا اِلٰہَ اِلَّا اللّٰہُ وَ اللّٰہُ اَکْبَرُ۔

ترجمہ: ''شروع اللہ کے نام کے ساتھ اور میں نے مضبوطی سے اللہ کو تھام لیا ہے اور میں نے بھروسہ کیا اللہ پر اور نہیں ہے کوئی معبود سوائے اللہ کے اور اللہ سب سے بڑے ہیں''۔

(۳) سفر میں جانے سے پہلے:

تین بار سورۃ الفاتحہ پڑھ کر یہ دعا کریں:

اَللّٰھُمَّ سَلِّمْنِیْ وَ سَلِّمْ مَا مَعِیَ وَ احْفَظْنِیْ وَ احْفَظْ مَا مَعِیَ وَ بَلِّغْنِیْ وَ بَلِّغْ مَا مَعِیَ۔

ترجمہ: ''اے اللہ! میری اور میرے ساتھ موجود سامان کی حفاظت فرمایئے اور میرے ساتھ موجود چیزوں کو محفوظ رکھیے اور مجھے اپنے ساتھ موجود چیزوں کے ساتھ (منزل مقصود) تک پہنچا دیجیے''۔

تین بار آیۃ الکرسی پڑھے اور یہ دعا پڑھے:

اَللّٰھُمَّ سَلِّمْنِیْ وَ سَلِّمْ مَا مَعِیَ وَ احْفَظْنِیْ وَ احْفَظْ مَا مَعِیَ وَ بَلِّغْنِیْ وَ بَلِّغْ مَا مَعِیَ۔

تین بار سورۃ القدر پڑھے پھر یہ دعا پڑھے:

اَللّٰھُمَّ سَلِّمْنِیْ وَسَلِّمْ مَا مَعِیَ وَ احْفَظْنِیْ وَاحْفَظْ مَا مَعِیَ وَ بَلِّغْنِیْ وَبَلِّغْ مَا مَعِیَ۔

اے اللہ کے رسول ﷺ میں آپ کی شفاعت کے وسیلہ سے اللہ سے مانگتا/ مانگتی ہوں کہ میری موت آپ کے دین اور آپ کی سنّت پر ہو آمین!

(۴) ایک بار یہ دعا پڑھے:

اللّٰھُمَّ اِنَّا نَسْئَلُكَ فِیْ سَفَرِنَا ھٰذَا الْبِرَّ وَ التَّقْوٰی وَ الْعَمَلِ مَا تَرْضٰی اللّٰھُمَّ ھَوِّنْ عَلَیْنَا سَفَرَنَا ھٰذَا وَ اطْوِ عَنَّا بُعْدَہٗ، اَللّٰھُمِّ اَنْتَ الصَّاحِبُ فِی السَّفَرِ وَالْخَلِیْفَةُ فِی الْاَھْلِ اللّٰھُمَّ اِنِّیْ اَعُوْذُ بِكَ مِنْ وَعْثَاءِ السَّفَرِ وَ كَآبَةِ الْمَنْظَرِ وَ سُوْءِ الْمُنْقَلَبِ فِی الْمَالِ وَالْاَھْلِ وَالْوَلَدِ وَ اَعُوْذُبِكَ مِنَ الْحَوْرِ بَعْدَ الْكَوْرِ وَ دَعْوَةِ الْمَظْلُوْمِ۔

ترجمہ: ”اے اللہ! ہم اس سفر کے لیے بر وتقوی کا زاد سفر طلب کرتے ہیں، اور تیرے پسندیدہ عمل کی توفیق چاہتے ہیں۔ اے

اللہ! ہمارے لیے یہ سفر آسان کردے، اس کی طوالت کم کردے، اے اللہ! تو سفر میں ہم سافروں کا رفیق اور ہمارے پیچھے ہمارے گھر والوں کا محافظ ونگران ہے، اے اللہ! ہم سفر کی مشقت سے،غم ناک مناظر سے، اور ایسی واپسی سے جس سے گھر میں ، اہل وعیال اور مال و دولت میں کوئی بھی خرابی اور کمی ہو تیری پناہ چاہتے ہیں"۔

(۵) ایک بار اس نیچے والی دعا کو پڑھ کر گھر سے نکلے۔ انشاء اللہ بخیریت گھر واپس آئیں گے۔ مکہ شریف میں مدینہ شریف میں، حرم میں منا میں عرفات میں مذدلفہ میں بار بار پڑھے اور وہاں کے حرم کی درود یواراوں پر بغیر روشنائی کے انگلی سے لکھے۔ انشاء اللہ دوبارہ وہاں جانا نصیب ہوگا۔

اِنَّ الَّذِیْ فَرَضَ عَلَیْكَ الْقُرْاٰنَ لَرَآدُّكَ اِلٰی مَعَادٍ۔

ترجمہ: "یقینا جس نے آپ پر قرآن کی ذمہ داری ڈالی ہے، وہ آپ کو پہنچا کے رہے گا ایک بہت اچھی لوٹنے کی جگہ"۔

(٦) گھر سے نکلتے وقت گھر والوں کو سلام کرنے اور یہ دعا دے:

اَسْتَوْدَعُكَ اللّٰہَ الَّذِیْ لَا تَضِیْعُ وَدَائِعُہٗ۔

ترجمہ: ''میں تمہیں اللہ کے سپرد کرتا ہوں جس کی امانتیں ضائع نہیں ہوتیں''۔

(۷) الٹے پیر گھر سے باہر نکلے اور پھر یہ دعا پڑھے:

بِسْمِ اللّٰہِ تَوَکَّلْتُ عَلَی اللّٰہِ لَا حَوْلَ وَلَا قُوَّۃَ اِلَّا بِاللّٰہِ۔

ترجمہ: ''اللہ عَزَّ وَجَلَّ کے نام سے، میں نے اللہ عَزَّ وَجَلَّ پر بھروسہ کیا۔ اللہ عَزَّ وَجَلَّ کے بغیر نہ طاقت ہے نہ قوت''۔

(۸) آسمان کی طرف دیکھ کر یہ دعا پڑھے:

اَللّٰھُمَّ اِنِّیْ اَعُوْذُبِكَ مِنْ اَنْ اَضِلَّ اَوْ اُضَلَّ اَوْ اَزِلَّ اَوْ اُزَلَّ اَوْ اَظْلِمَ اَوْ اُظْلَمَ اَوْ اَجْھَلَ اَوْ یُجْھَلَ عَلَیَّ۔

ترجمہ: ''اے اللہ میں تیری پناہ لیتا ہوں اِس سے کہ میں خود گمراہ ہوں یا گمراہ کیا جاؤں، یا میں (سیدھے راستہ سے) خود پھسلوں یا پھسلایا جاؤں، یا میں (کسی پر) ظلم کروں یا مجھ پر ظلم کیا جائے، یا میں خود (خود کسی کے ساتھ) جہالت کا برتاؤ کروں، یا میرے ساتھ جہالت کا برتاؤ کیا جائے''۔

(۹) سواری پر سیدھا رکھ کر بسم اللہ پڑھے اور جب اس پر سوار ہو جائیں تو الحمد للہ پڑھے اور یہ دعا پڑھے:

سُبْحَانَ الَّذِیْ سَخَّرَ لَنَا هٰذَا وَمَا كُنَّا لَهُ مُقْرِنِيْنَ وَاِنَّا اِلٰى رَبِّنَا لَمُنْقَلِبُوْنَ۔

ترجمہ: ''پاک ہے وہ ذات جس نے اسے ہمارے بس میں کر دیا حالانکہ ہمیں اسے قابو کرنے کی طاقت نہ تھی، اور بالیقین ہم اپنے رب کی طرف لوٹ کر جانے والے ہیں''۔

اس کے بعد تین بار الحمد للہ تین بار اَللّٰهُ اَكْبَرُ تین بار لَا اِلٰهَ اِلَّا اللّٰهُ پڑھیں اور یہ دعا پڑھیں:

سُبْحَانَكَ اِنِّیْ ظَلَمْتُ نَفْسِیْ ظُلْمًا كَثِيْرًا فَاغْفِرْ لِیْ فَاِنَّهُ لَا يَغْفِرُ الذُّنُوْبَ اِلَّا اَنْتَ۔

ترجمہ: ''پاک ہے تو اے اللہ! بے شک میں نے اپنی جان پر ظلم کیا آپ مجھے معاف فرما دیجیے کیونکہ آپ کے علاوہ کوئی معاف فرمانے والا نہیں''۔

اس دعا کو پڑھ کر مسکرانا مستحب ہے۔

(۱۰) جب بلندی پر چڑھیں تو اَللّٰہُ اَکْبَرُ پڑھیں۔ بلندی سے نیچے اترتے ہوئے سُبْحَانَ اللّٰہِ پڑھیں۔ کسی وادی یا کھلے میدان میں لَا اِلٰہَ اِلَّا اللّٰہُ وَاللّٰہُ اَکْبَرُ پڑھیں۔

(۱۱) ان پانچ سورتیں کو سفر کے دوران وقتاً فوقتاً پڑھے۔

قُلْ یٰٓاَیُّھَا الْکٰفِرُوْنَ، اِذَا جَآءَ نَصْرُ اللّٰہِ وَالْفَتْحُ، قُلْ ھُوَ اللّٰہُ اَحَدٌ، قُلْ اَعُوْذُ بِرَبِّ الْفَلَقِ، قُلْ اَعُوْذُ بِرَبِّ النَّاسِ۔

ہر سورت بِسْمِ اللّٰہِ الرَّحْمٰنِ الرَّحِیْمِ سے شروع کریں اور قُلْ اَعُوْذُ بِرَبِّ النَّاسِ کے ختم پر بھی بس بِسْمِ اللّٰہِ الرَّحْمٰنِ الرَّحِیْمِ پڑھیں۔ اس طرح بسم اللہ 6 مرتبہ ہوگی۔

جب سفر میں کسی جگہ دہشت سوار ہو اور گھبراہٹ ہونے لگے تو یہ دعا پڑھے:

سُبْحَانَ الْمَلِكِ الْقُدُّوْسِ رَبُّ الْمَلٰٓئِکَةِ وَالرُّوْحِ جَلَّلْتِ السَّمٰوٰتِ بِالْعِزَّةِ وَالْجَبَرُوْتِ۔

ترجمہ: ”پاک ہے وہ ذات جو حقیقی بادشاہ ہے جو ہر نقص سے منزہ اور ہر عیب سے پاک ہے۔ فرشتوں اور حضرت جبرئیل علیہ السلام کا رب ہے

بلند مرتبہ والا ہے آسمانوں اور زمینوں میں عزت و بزرگی کے ساتھ"۔

(۱۲) مقام پر پہنچ کر (جدہ ائیر پورٹ) پر اتر کر یہ دعا پڑھے:

اَعُوذُ بِكَلِمَاتِ اللهِ التَّامَّاتِ مِنْ شَرِّ مَا خَلَقَ۔

ترجمہ: "میں اللہ تعالیٰ کی مخلوق کے شر سے اللہ تعالیٰ کے مکمل کلمات کی پناہ چاہتا ہوں"۔

اَللّٰهُمَّ بَارِكْ لَنَا فِيْهَا۔

ترجمہ: "اے اللہ! ہمارے لیے اس میں برکت دیجیے"۔

اَللّٰهُمَّ ارْزُقْنَا جَنَاهَا وَحَبِّبْنَا اِلٰى اَهْلِهَا وَحَبِّبْ صَالِحِيَّ اَهْلِهَا اِلَيْنَا۔

ترجمہ: "اے اللہ! ہمیں اس شہر کے پھل بطور رزق عطا فرمائیے اور ہمیں اس کے رہنے والوں کے نزدیک محبوب کر دیجیے اور اس شہر کے نیک و صالح لوگوں کو ہمارے لیے محبوب کر دیجیے"۔

رَبِّ اَنْزِلْنِيْ مُنْزَلًا مُّبٰرَكًا وَّاَنْتَ خَيْرُ الْمُنْزِلِيْنَ۔

ترجمہ: "اے میرے رب! مجھے برکت والی جگہ اتار دے اور تو سب سے بہتر اتارنے والا ہے"۔

(۱۳) جب اس شہر کو (بستی) کو دیکھے جس میں جانا ہے تب یہ دعا پڑھے:

اللّٰهُمَّ رَبَّ السَّمٰوٰتِ السَّبْعِ وَمَا اَظْلَلْنَا وَ رَبَّ الْاَرَضِيْنَ السَّبْعِ وَ مَا اَقْلَلْنَا وَ رَبَّ الشَّيٰطِيْنِ وَ مَا اَضْلَلْنَا وَرَبَّ الرِّيَاحِ وَ مَا ذَرَيْنَ فَاِنَّا نَسْئَلُكَ خَيْرَ هٰذِهِ الْقَرْيَةِ وَخَيْرَ اَهْلِهَا وَنَعُوْذُبِكَ مِنْ شَرِّهَا وَشَرِّ اَهْلِهَا وَشَرِّ مَا فِيْهَا۔

ترجمہ: ''اے اللہ! ساتوں آسمانوں، اور جن پر وہ سایہ فگن ہیں ان سب کے رب! ساری زمینوں اور ان ساری چیزوں کے رب جن کا وہ بوجھ اٹھائے ہوئے ہیں اور اے شیاطین اور جنہیں انہوں نے گمراہ کیا ہے ان سب کے رب! اور ہواؤں کے رب اور جو وہ پھیلاتی ہیں، بے شک ہم آپ سے اس بستی کے اور اس کے رہنے والوں کے خیر کا سوال کرتے ہیں اور ہم پناہ مانگتے ہیں آپ سے اس بستی اور اس میں رہنے والوں کے شر سے اور ہر اس چیز کے شر سے جو اس میں موجود ہے''۔

(۱۴) عمرہ کی نیت:

اَللّٰهُمَّ اِنِّيْ اُرِيْدُ الْعُمْرَةَ فَيَسِّرْهَا لِيْ وَ تَقَبَّلْهَا مِنِّيْ وَ تَقَبَّلْهَا مِنِّيْ۔

ترجمہ: ''اے اللہ میں عمرہ کی نیت کرتا ہوں اسے میرے لئے آسان فرما اور قبول فرما''۔

(۱۵) تلبیہ:

لَبَّیْكَ اللّٰهُمَّ لَبَّیْكَ لَبَّیْكَ لَا شَرِیْكَ لَكَ لَبَّیْكَ إِنَّ الْحَمْدَ وَالنِّعْمَةَ لَكَ وَالْمُلْكَ لَا شَرِیْكَ لَكَ۔

ترجمہ: ''میں حاضر ہوں، یا اللہ میں حاضر ہوں، میں حاضر ہوں تیرا کوئی شریک نہیں میں حاضر ہوں، بے شک تمام تعریفیں اور نعمتیں تیرے لئے ہیں اور ملک بھی، تیرا کوئی شریک نہیں''۔

(۱۶) مستحب دعا:

اَللّٰهُمَّ اِنِّی اَسْئَلُكَ رِضَاكَ وَالْجَنَّةَ وَاَعُوْذُبِكَ مِنْ غَضَبِكَ وَالنَّارِ۔

ترجمہ: ''اے اللہ میں آپ سے آپ کی رضا اور جنت مانگتا ہوں اور آپ کی ناراضگی اور جہنم سے آپ ہی کی پناہ چاہتا ہوں''۔

حدود حرم میں یہ دعا پڑھے:

اَللّٰهُمَّ إِنَّ هٰذَا حَرَمُكَ وَحَرَمُ رَسُوْلِكَ، فَحَرِّمْ لَحْمِی وَدَمِی

وَعَظْمِيْ عَلَى النَّارِ، اَللّٰهُمَّ اٰمِنِّيْ مِنْ عَذَابِكَ يَوْمَ تَبْعَثُ عِبَادَكَ، وَاجْعَلْنِيْ مِنْ أُوْلِيٰٓئِكَ وَأَهْلِ طَاعَتِكَ، وَتُبْ عَلَيَّ، إِنَّكَ أَنْتَ التَّوَّابُ الرَّحِيْمُ۔

ترجمہ: ”اے اللہ یہ تیرا اور تیرے رسول پاک ﷺ کا حرم ہے پس میرے گوشت، خون اور ہڈیوں کو آگ پر حرام کردے۔ اے اللہ! مجھے اپنے عذاب سے محفوظ رکھ۔ جس روز تو اپنے بندوں کو اٹھائے گا اور مجھے اپنے ولیوں اور اطاعت گزاروں میں شامل کردے اور مجھ پر نظرِ کرم فرما۔ بیشک تو توبہ قبول کرنے والا (اور) بڑا رحم کرنے والا ہے“۔

(۱۷) مکہ شہر میں داخل ہونے کے وقت کی دعا:

اَللّٰهُمَّ اجْعَلْ لِّيْ بِهَا قَرَارًا وَّارْزُقْنِيْ فِيْهَا رِزْقًا حَلَالًا۔

ترجمہ: ”اے اللہ! مجھے اس شہر میں ٹھہرنا نصیب فرمایئے اور مجھے اس میں رزق حلال عطا فرمایئے“۔

(۱۸) مسجد حرم کے درمیان پہنچے تو یہ دعا پڑھے:

رَبَّنَا اٰتِنَا فِي الدُّنْيَا حَسَنَةً وَّفِي الْاٰخِرَةِ حَسَنَةً وَّقِنَا عَذَابَ

اَللّٰهُمَّ إِنِّيْ أَسْأَلُكَ مِنْ خَيْرِ مَا سَأَلَكَ عَبْدُكَ وَنَبِيُّكَ

مُحَمَّدٌ ﷺ وَأَعُوذُ بِكَ مِنْ شَرِّ مَا عَاذَ اسْتَعَاذَ مِنْهُ عَبْدُكَ وَنَبِيُّكَ ﷺ.

ترجمہ:''اے اللہ! ہمیں دنیا میں بھلائی عطا کر اور آخرت میں بھلائی عطا کر اور ہمیں دوزخ سے بچا،اے اللہ! میں تجھ سے ہر اس بھلائی کا طالب ہوں جو تیرے بندے اور تیرے نبی ﷺ نے طلب کی ہے،اور میں تیری پناہ چاہتا ہوں ہر اس برائی سے جس سے تیرے بندے اور تیرے نبی ﷺ نے پناہ چاہی ہے''۔

(۱۹) حرم میں داخل ہونے کی دعا:

بِسْمِ اللهِ وَالصَّلٰوةُ وَالسَّلَامُ عَلٰى رَسُوْلِ اللهِ اَللّٰهُمَّ اغْفِرْلِيْ ذُنُوْبِيْ، وَافْتَحْ لِيْ أَبْوَابَ رَحْمَتِكَ.

ترجمہ:''اللہ کے نام کے ساتھ اور درود و سلام ہو اللہ کے رسول ﷺ پر، اے اللہ! میرے گناہ بخش دیجیے اور مجھ پر اپنی رحمت کے دروازے کھول دیجیے''۔

(۲۰) اعتکاف کی نیت:

نَوَى الْاِعْتِكَافَ مَا دُمْتُ فِيْ هٰذَا الْمَسْجِدِ.

ترجمہ: ’’میں جب تک اس مسجد میں ہوں اعتکاف کی نیت کرتی ہوں‘‘۔

(۲۱) کعبۃ اللہ پر نظر پڑے تو یہ پڑھیں:

اَللّٰہُ اَکْبَرُ، اَللّٰہُ اَکْبَرُ، اَللّٰہُ اَکْبَرُ، لَا اِلٰہَ اِلَّا اللّٰہُ، لَا اِلٰہَ اِلَّا اللّٰہُ وَاللّٰہُ اَکْبَرُ۔

(۲۲) عمرے کے طواف کی نیت:

اَللّٰھُمَّ اِنِّیْ اُرِیْدُ طَوَافَ بَیْتِكَ الْحَرَامِ فَیَسِّرْہُ لِیْ وَ تَقَبَّلْهُ مِنِّیْ سَبْعَةَ اَشْوَاطٍ لِلّٰہِ تَعَالٰی عَزَّ وَجَلَّ۔

ترجمہ: ’’اے اللہ! میں صرف آپ کے لیے بیت اللہ کے طواف کی نیت کرتا ہوں اسے مجھ پر آسان فرما اور قبول فرمالے مجھ سے ساتوں چکر‘‘۔

(۲۳) نفل طواف کی نیت:

اَللّٰھُمَّ اِنِّیْ اُرِیْدُ طَوَافَ بَیْتِكَ الْمُحَرَّمِ فَیَسِّرْہُ لِیْ وَتَقَبَّلْهُ مِنِّیْ۔

ترجمہ: ’’اے اللہ! میں آپ کے محترم گھر کے طواف کا ارادہ کرتا ہوں پس آپ اس کو میرے لیے آسان فرمایئے اور اس کو مجھ سے

قبول فرمائیے''۔

(۲۴) حجر اسود کے سامنے کھڑے ہو کر پڑھے:

بِسْمِ اللّٰہِ اَللّٰہُ اَکْبَرُ لَا اِلٰہَ اِلَّا اللّٰہُ وَ لِلّٰہِ الْحَمْدُ والصَّلٰوۃُ والسَّلَامُ عَلٰی رَسُوْلِ اللّٰہِ اَللّٰھُمَّ اِیْمَانًا بِكَ وَ وَفَاءً بِعَھْدِكَ وَاتِّبَاعًا لِسُنَّۃِ نَبِیِّكَ مُحَمَّدٍ ﷺ۔

ترجمہ: ''اللہ کے نام سے شروع کرتا ہوں اللہ سب سے بڑا ہے اور اللہ کے سوا کوئی معبود نہیں اور تمام تعریفیں اللہ کے لیے ہیں اور درود سلام ہو اللہ کے رسول ﷺ پر اے اللہ! تجھ پر ایمان لاتے ہوئے اور تیرے احکام کو مانتے ہوئے اور تجھ سے کئے ہوئے عہد کو پورا کرتے ہوئے اور تیرے حبیب ﷺ کی سنت کی پیروی کرتے ہوئے''۔

(۲۵) حجر اسود سے رکن شامی (پہلے کونے سے تیسرے کونے تک) پڑھے:

سُبْحَانَ اللّٰہِ وَالْحَمْدُ لِلّٰہِ وَلَا اِلٰہَ اِلَّا اللّٰہُ وَاللّٰہُ اَکْبَرُ وَلَا حَوْلَ وَلَا قُوَّۃَ اِلَّا بِاللّٰہِ الْعَلِیِّ الْعَظِیْمِ۔

ترجمہ: ’’اللہ پاک ہے اور تمام تعریفات اللہ کے لیے ہیں اور اللہ کے علاوہ اور کوئی معبود برحق نہیں اور اللہ ہی سب سے بڑا ہے، اور گناہ سے پھرنے کی طاقت نہیں مگر اللہ کی حفاظت سے اور اللہ کی عبادت کرنے کی قوت نہیں مگر اللہ کی مدد سے‘‘۔

(۲۶) رکن شامی سے رکن یمانی (تیسرے کونے سے چوتھے کونے تک پڑھے:

اَللّٰهُمَّ إِنِّي أَعُوْذُبِكَ مِنَ الشِّرْكِ وَالشَّكِّ وَالنِّفَاقِ وَالشِّقَاقِ وَسُوْءِ الْأَخْلَاقِ وَسُوْءِ الْمُنْقَلَبِ فِي الْمَالِ وَالْأَهْلِ وَالْوَلَدِ.

ترجمہ: ’’اے اللہ! میں تیری پناہ مانگتا ہوں شرک، شک، نفاق، اختلاف بداخلاقی اور برے پلٹنے سے مال اور اہل اور اولاد میں‘‘۔

اَللّٰهُمَّ إِنِّيْ اَسْئَلُكَ الرَّاحَةَ عِنْدَ الْمَوْتِ وَالْعَفْوَ عِنْدَ الْحِسَابِ.

ترجمہ: ’’اے اللہ! میں آپ سے سوال کرتا ہوں موت کے وقت راحت اور حساب کتاب کے وقت معافی کا‘‘۔

اَللّٰهُمَّ إِنِّيْ اَسْئَلُكَ رِضَاكَ وَالْجَنَّةَ وَاَعُوْذُبِكَ مِنْ غَضَبِكَ وَالنَّارِ.

ترجمہ: ''اے اللہ میں آپ سے آپ کی رضا اور جنت مانگتا ہوں اور آپ کی ناراضگی اور جہنم سے آپ ہی کی پناہ چاہتا ہوں''۔

۲۷) رکن یمانی سے حجر اسود (چوتھے کونے سے پہلے کونے تک پڑھے):

اَللّٰهُمَّ اِنِّی اَسْئَلُكَ الْعَفْوَ وَالْعَافِيَةَ فِي الدُّنْيَا وَالْاٰخِرَةِ رَبَّنَا اٰتِنَا فِي الدُّنْيَا حَسَنَةً وَّفِي الْاٰخِرَةِ حَسَنَةً وَّقِنَا عَذَابَ النَّارِ۔

ترجمہ: ''اے اللہ! میں آپ سے سوال کرتا ہوں معافی اور عافیت کا دنیا و آخرت میں اے اللہ! ہمیں دنیا میں بھلائی عطا کر اور آخرت میں بھلائی عطا کر اور ہمیں دوزخ سے بچا''۔

(۲۸) ملتزم پہ یہ دعا پڑھے:

اَللّٰهُمَّ رَبَّ الْبَيْتِ الْعَتِيْقِ اَعْتِقْ رِقَابَنَا وَ رِقَابَ اٰبَائِنَا وَ اُمَّهَاتِنَا وَاِخْوَانِنَا وَاَوْلَادِنَا مِنَ النَّارِ) يَا ذَا الْجُوْدِ وَالْكَرَمِ وَالْفَضْلِ وَالْمَنِّ وَالْعَطَاءِ وَالْإِحْسَانِ.) اَللّٰهُمَّ أَحْسِنْ عَاقِبَتَنَا فِي الْأُمُوْرِ كُلِّهَا وَأَجِرْنَا مِنْ خِزْيِ الدُّنْيَا وَعَذَابِ الْآخِرَةِ) اَللّٰهُمَّ إِنِّيْ عَبْدُكَ وَبْنُ عَبْدِكَ وَاقِفٌ

تَحتَ بَابِكَ مُلتَزِمٌ بِأَعتَابِكَ مُتَذَلِّلٌ بَينَ يَدَيكَ، أَرجُو رَحمَتَكَ وَأَخشٰى عَذَابَكَ يَا قَدِيمَ الاِحسَانِ) اَللّٰهُمَّ إِنِّي أَسأَلُكَ أَن تَرفَعَ ذِكرِي وَتَضَعَ وِزرِي وَتُصلِحَ أَمرِي، وَتُطَهِّرَ قَلبِي، وَتُنَوِّرَ لِي قَبرِي، وَتَغفِرَ لِي ذَنبِي، وَأَسأَلُكَ الدَّرَجَاتِ العُلٰى مِنَ الجَنَّةِ آمين)

ترجمہ: ''اے اللہ! اے اس قدیم گھر کے مالک! ہماری گردنوں کو ہمارے باپ داداؤں، ماؤں (بہنوں)، بھائیوں اور اولاد کی گردنوں کو دوزخ سے آزاد کر دے۔ اے بخشش والے، کرم والے، فضل والے، احسان والے، عطا والے، اے اللہ تمام معاملات میں ہمارا انجام بخیر فرما اور ہمیں دنیا کی رسوائی اور آخرت کے عذاب سے محفوظ رکھ۔ اے اللہ! میں تیرا بندہ ہوں اور بندہ زادہ ہوں، تیرے (مقدس گھر کے) دروازے کے نیچے کھڑا ہوں اور تیرے دروازے کی چوکھٹوں سے لپٹا کھڑا ہوں، تیرے سامنے عاجزی کا اظہار کر رہا ہوں اور تیری رحمت کا طلبگار ہوں اور تیرے دوزخ کے عذاب سے ڈر رہا ہوں کہ میرے ذکر کو بلندی عطا فرما اور میرے گناہوں کا بوجھ ہلکا کر

اور میرے کاموں کو درست فرما اور میرے دل کو پاک کر اور میرے لئے قبر میں روشنی فرما اور میرے گناہ معاف فرما اور میں تجھ سے جنت کے اونچے درجوں کی بھیک مانگتا ہوں۔ آمین

اَللّٰهُمَّ ارْزُقْنِيْ شَهَادَةً فِيْ سَبِيْلِكَ وَاجْعَلْ مَوْتِيْ فِيْ بَلَدِ رَسُوْلِكَ۔

ترجمہ: ''اے اللہ! مجھے اپنے راستہ کی شہادت نصیب فرما اور میری موت اپنے رسول پاک ﷺ کے شہر میں مقرر فرما''۔

(۲۹) مقام ابراہیم کی طرف جاتے ہوئے یہ پڑھے:

وَاتَّخِذُوْا مِنْ مَّقَامِ إِبْرٰهِيْمَ مُصَلًّى۔

ترجمہ: ''اور بناؤ مقام ابراہیم کو نماز کی جگہ''۔

(۳۰) زم زم پی کر یہ دعا پڑھے:

اَللّٰهُمَّ إِنِّيْ أَسْأَلُكَ عِلْمًا نَافِعًا وَرِزْقًا وَاسِعًا وَشِفَاءً مِنْ كُلِّ دَاءٍ۔

ترجمہ: ''اے اللہ! میں تجھ سے وسیع رزق اور نفع رساں علم اور ہر ایک بیماری سے شفا کا طلبگار ہوں''۔

(۳۱) باب الصفا دروازہ سے نکلنے کی دعا:

بِسْمِ اللّٰهِ وَالصَّلَاةُ وَالسَّلَامُ عَلٰى رَسُوْلِ اللّٰهِ رَبِّ اغْفِرْ لِيْ

ذُنُوبِيْ وَافْتَحْ لِيْ أَبْوَابَ فَضْلِكَ۔

ترجمہ: ''اللہ کے نام کے ساتھ اور درود سلام ہو اللہ کے رسول ﷺ پر، اے اللہ! میرے گناہ بخش دیجیے اور مجھ پر اپنے فضل کے دروازے کھول دیجیے''۔

(۳۲) صفا پہاڑی کی طرف چلتے چلتے یہ دعا پڑھے:

إِنِّيْ أَبْدَأُ بِمَا بَدَأَ اللّٰهُ بِهِ إِنَّ الصَّفَا وَالْمَرْوَةَ مِنْ شَعَآئِرِ اللّٰهِ۔

ترجمہ: ''یقینا میں شروع کرتا ہوں اسی کے ساتھ جس سے اللہ نے ابتدا فرمائی، یقینا صفا و مروہ اللہ کے شعائر میں سے ہیں''۔

(۳۳) سعیٔ کی نیت:

اے اللہ میں عمرہ کی (یا حج کی) صفا مروہ کی سعی کرتا ہوں سات چکروں کے ساتھ، اسے مجھ پر آسان فرما اور قبول فرما۔

(بیت اللہ کی طرف منہ کر کے دعا میں جس طرح ہاتھ اٹھاتے ہیں اسی طرح اٹھائیں اور تین مرتبہ اَللّٰهُ أَكْبَرُ اَللّٰهُ أَكْبَرُ اَللّٰهُ أَكْبَرُ وَ لِلّٰهِ الْحَمْدُ اور تین مرتبہ چوتھا کلمہ پڑھے یہ سنت ہے۔)

لَآ إِلٰهَ إِلَّا اللّٰهُ وَحْدَهٗ لَا شَرِيْكَ لَهٗ لَهُ الْمُلْكُ وَلَهُ الْحَمْدُ يُحْيِ

وَيُمِيْتُ بِيَدِهِ الْخَيْرُ وَهُوَ عَلٰى كُلِّ شَيْءٍ قَدِيْرٌ۔

ترجمہ: ''اللہ کے سوا کوئی معبود نہیں، وہ یکتا ہے، جس کا کوئی شریک نہیں، اسی کی بادشاہی ہے اور اسی کے لیے حمد ہے۔ وہ زندہ کرتا ہے اور موت دیتا ہے اور وہ ہر چیز پر قادر ہے''۔

(۳۴) صفا پر یہ دعا پڑھے:

اَللّٰهُمَّ إِنَّكَ قُلْتَ ادْعُوْنِيْ أَسْتَجِبْ لَكُمْ وَإِنَّكَ لَا تُخْلِفُ الْمِيْعَادَ وَإِنِّيْ أَسْأَلُكَ كَمَا هَدَيْتَنِيْ لِلْإِسْلَامِ أَنْ لَا تَنْزِعَهُ مِنِّيْ حَتّٰى تَتَوَفَّانِيْ وَأَنَا مُسْلِمٌ۔

ترجمہ: ''اے اللہ! آپ نے فرمایا ''مجھ سے مانگو میں تمھاری پکار کا جواب دوں گا'' اور یقینا آپ وعدہ کی خلاف ورزی نہیں کرتے اور یقینا میں آپ سے سوال کرتا ہوں کہ جیسے آپ نے مجھے اسلام کی ہدایے عطا فرمائی یہ کہ آپ اس کو جھ سے نہ چھینے گا یہاں تک کہ آپ مجھے اسلام کی حالت میں اٹھالیں''۔

(۳۵) صفا سے مروہ پہاڑی کی طرف چلتے چلتے چوتھا کلمہ پڑھے:

(۳۶) دونوں ہرے رنگ کے ستونوں کے درمیان پڑھنے کی دعا:

رَبِّ اغْفِرْ وَارْحَمْ إِنَّكَ أَنْتَ الْأَعَزُّ الْأَكْرَمُ۔

ترجمہ: ''اے میرے رب بخش دیجیے اور رحم فرمایئے یقینا آپ ہی سب سے معزز اور مکرّم ہیں''۔

(۳۷) حج کی نیت:

اَللّٰھُمَّ إِنِّيْ أُرِيْدُ الْحَجَّ فَيَسِّرْهُ لِيْ وَتَقَبَّلْهُ مِنِّيْ۔

ترجمہ: ''اے اللہ! میں حج کی نیت کرتا ہوں اسے مجھ پر آسان فرما اور قبول فرما''۔

(۳۸) 9 ذی الحجہ کی فجر کی نماز سے 13 ذی الحجہ کی عصر کی نماز تک یہ پڑھے:

اَللّٰهُ اَكْبَرُ اَللّٰهُ اَكْبَرُ لَا اِلٰهَ اِلَّا اللّٰهُ وَاللّٰهُ اَكْبَرُ اَللّٰهُ اَكْبَرُ وَلِلّٰهِ الْحَمْدُ۔

☆ ایک صفا پر ایک مروہ پر سورۃ الکہف پڑھنا ہے۔

(۳۹) عرفات میں ذکر کریں:

100 مرتبہ چوتھا کلمہ، 100 مرتبہ درود ابراہیم۔

اَللّٰھُمَّ صَلِّ عَلٰى مُحَمَّدٍ وَّعَلٰى اٰلِ مُحَمَّدٍ كَمَا صَلَّيْتَ عَلٰى

اِبۡرٰهِيۡمَ وَعَلٰٓى اٰلِ اِبۡرٰهِيۡمَ اِنَّكَ حَمِيۡدٌ مَّجِيۡدٌ اَللّٰهُمَّ بَارِكۡ عَلٰى مُحَمَّدٍ وَّعَلٰٓى اٰلِ مُحَمَّدٍ كَمَا بَارَكۡتَ عَلٰٓى اِبۡرٰهِيۡمَ وَعَلٰٓى اٰلِ اِبۡرٰهِيۡمَ اِنَّكَ حَمِيۡدٌ مَّجِيۡدٌ۔

ترجمہ: ''اے اللہ! رحمتیں نازل فرما حضرت محمد ﷺ پر اور ان کی آل پر، جس طرح تو نے رحمتیں نازل کیں حضرت ابراہیم علیہ السلام پر اوران کی آل پر، بیشک تو تعریف کا مستحق بڑی بزرگی والا ہے''۔

''اے اللہ! تو برکتیں نازل فرما حضرت محمد ﷺ پراوران کی آل پر، جس طرح تو نے برکتیں نازل فرمائیں حضرت ابراہیم علیہ السلام پر اور ان کی آل پر، بیشک تو تعریف کا مستحق بڑی بزرگی والا ہے''۔

100 مرتبہ قُلۡ هُوَ اللّٰهُ اَحَدٌ کی پوری سورت پڑھے:

100 مرتبہ استغفار:

أَسْتَغْفِرُ اللهَ الَّذِیْ لَا إِلٰهَ إِلَّا هُوَ الْحَیُّ الْقَیُّوْمُ، وَأَتُوْبُ إِلَیْهِ۔

ترجمہ: ''میں اللہ رب العزت سے اپنے گناہوں کی معافی مانگتا ہوں جس کے سوا کوئی معبود نہیں وہ زندہ ہے اور قائم رکھنے والا ہے اور میں اس کی طرف متوجہ ہوتا ہوں''۔

چوتھا کلمہ کے بعد یہ دعا پڑھے:

اَللّٰهُمَّ اجْعَلْ فِيْ قَلْبِيْ نُوْرًا وَّفِيْ سَمْعِيْ نُوْرًا وَّفِيْ بَصَرِيْ نُوْرًا) أَللّٰهُمَّ اشْرَحْ لِيْ صَدْرِيْ وَيَسِّرْ لِيْ أَمْرِيْ وَأَعُوْذُبِكَ مِنْ وَسَاوِسِ الصَّدْرِ، وَشَتَّاتِ الْأَمْرِ وَفِتْنَةِ الْقَبْرِ) اَللّٰهُمَّ إِنِّيْ أَعُوْذُبِكَ مِنْ شَرِّ مَا يَلِجُ فِي اللَّيْلِ وَشَرِّ مَا يَلِجُ فِي النَّهَارِ وَ شَرِّ مَا تَهُبُّ بِهِ الرِّيَاحُ).

ترجمہ: ''اے اللہ! کر دے میرے دل میں نور اور میری آنکھوں میں نور اور میرے کانوں میں نور، اے اللہ! میرے لیے میرا سینہ کھول دیجیے، اور میرے لیے میرا معاملہ آسان فرما دیجیے، اور میں آپ کی پناہ مانگتا ہوں دل میں آنے والے وساوس سے، اور کام کی پراگندگی اور قبر کے فتنہ سے''۔

اے اللہ! میں آپ سے پناہ مانگتا ہوں اس چیز کے شر سے جو رات میں داخل ہوتی ہے اور جو دن میں داخل ہوتی ہے اور اس چیز کے شر سے جو ہواؤں کے ساتھ چلتی ہیں۔

☆ مزدلفہ میں کنکریاں چننے کے بعد یہ دعا مانگے:

اے اللہ! تیری ذات پاک ہے۔ تو سب کچھ کر سکتا ہے۔ ہم انسان ہیں۔ ہزاروں انسانوں کے ہمارے اوپر حق ہیں۔ ہم نے کسی کو مارا، کسی کے حق چھینے ہیں، کسی کو گالی دی ہے، کسی کا دل دکھایا ہے، کسی پر ظلم کیا ہے، اے اللہ! ظالموں کی خطاؤں کو معاف کر دے اور مظلوم کو اس کا بدلہ عطا فرما دے اور اس دعا کے بارے میں اللہ تو ہم سب کے لئے کفیل بن جا۔ (جو دعا مانگنا چاہو وہ دعا بھی مانگو یہاں ہر دعا قبول ہوتی ہے۔)

(۴۰) شیطان کو کنکریاں مارنے کی دعا:

بِسْمِ اللّٰهِ اَللّٰهُ اَكْبَرُ رَغْمًا لِّلشَّيْطَانِ وَرِضَى الرَّحْمٰنِ اَللّٰهُمَّ اجْعَلْهُ حَجًّا مَّبْرُوْرًا وَّسَعْيًا مَّشْكُوْرًا وَّذَنْبًا مَّغْفُوْرًا۔

ترجمہ: ”اللہ کے نام کے ساتھ اور اللہ سب سے بڑے ہیں شیطان کو عاجز کرنے کے لیے اور رحمٰن کو راضی کرنے کے لیے یا اللہ! میرے اس حج کو حج مقبول اور میری کاوش کو ماجور، اور گناہوں کی مغفرت کا ذریعہ بنا“۔

(۴۱) جب مدینہ نظر آئے تو درود شریف پڑھے اور یہ دعا پڑھے:

اَللّٰھُمَّ ھٰذَا حَرَمُ نَبِیِّكَ فَاجْعَلْهُ وِقَايَةً مِّنَ النَّارِ وَ اَمَانًا مِّنَ الْعَذَابِ وَسُوْءِ الْحِسَابِ۔

ترجمہ: ''اے اللہ! یہ آپ کے نبی کا حرم ہے سو اس کو بچا لیجیے آگ سے اور امن عطا فرمائیے عذاب اور سوء حساب سے''۔

گیٹ نمبر 25 سے داخل ہو اور دو رکعت تحیۃ المسجد اور دو رکعت صلوٰۃ الشکر پڑھے۔

(۴۲) مسجد نبوی ﷺ میں داخل ہونے کی دُعا:

بِسْمِ اللهِ وَالصَّلٰوةُ وَالسَّلَامُ عَلٰى رَسُوْلِ اللهِ رَبِّ اغْفِرْلِیْ ذُنُوْبِیْ وَافْتَحْ لِیْ اَبْوَابَ رَحْمَتِكَ۔

ترجمہ: ''اللہ کے نام کے ساتھ اور درود سلام ہو اللہ کے رسول ﷺ پر، اے اللہ! میرے گناہ بخش دیجیے اور مجھ پر اپنی رحمت کے دروازے کھول دیجیے''۔

(۴۳) مختصر اور آسان سلام (حضور ﷺ پر سلام)۔

اَلسَّلَامُ عَلَيْكَ يَا رَسُوْلَ اللهِ اَلسَّلَامُ عَلَيْكَ يَا حَبِيْبَ اللهِ اَلسَّلَامُ عَلَيْكَ يَا نَبِيَّ اللهِ اَلسَّلَامُ عَلَيْكَ اَيُّهَا النَّبِیُّ

وَرَحْمَةُ اللّٰهِ وَبَرَكَاتُهٗ۔

اَلصَّلٰوةُ وَالسَّلَامُ عَلَيْكَ يَارَسُوْلَ اللّٰهِ۔

ترجمہ: ''سلام ہو آپ پر اے اللہ کے رسول ﷺ، اللہ کے پیارے آپ پر سلام ہو۔ سلام ہو آپ پر اے اللہ کے نبی، سلام ہو آپ پر اے اللہ کے نبی اور اللہ رحمتیں اور برکتیں ہوں، درود وسلام ہو آپ پر اے اللہ رسول ﷺ''۔

سلام ہو آپ پر اے اللہ کے نبی، سلام ہو آپ پر، اے نبی، اور اللہ کی رحمتیں اور برکتیں ہوں۔ سلام ہو آپ پر یارسول اللہ!

(۴۴) روضۂ مبارکہ کے سامنے یہ پڑھے:

اِنَّ اللّٰهَ وَ مَلٰٓئِكَتَهٗ يُصَلُّوْنَ عَلَى النَّبِيِّ يٰٓاَيُّهَا الَّذِيْنَ اٰمَنُوْا صَلُّوْا عَلَيْهِ وَسَلِّمُوْا تَسْلِيْمًا۔

ترجمہ: ''بیشک اللہ اور اس کے فرشتے نبی پر درود بھیجتے ہیں۔ اے ایمان والو! ان پر درود اور خوب سلام بھیجو''۔

بعد میں ستر (70) مرتبہ یہ پڑھے۔

صَلَّى اللّٰهُ عَلَيْكَ يَارَسُوْلَ اللّٰهِ۔

ترجمہ: ”رحمتیں ہوں اللہ کی آپ پر اے اللہ کے رسول ﷺ“۔

اس کے بعد یہ دعا کرے اور یہ دعا پڑھے۔

اَللّٰھُمَّ اِنَّكَ قُلْتَ فِيْ كِتَابِكَ لِنَبِيِّكَ عَلَيْهِ السَّلَامُ وَلَوْ اَنَّهُمْ اِذْ ظَلَمُوْا اَنْفُسَهُمْ جَاءُوْكَ۔

فَاسْتَغْفَرُوا اللّٰهَ وَاسْتَغْفَرَ لَهُمُ الرَّسُوْلُ لَوَجَدُوا اللّٰهَ تَوَّابًا رَحِيْمًا وَاِنِّيْ قَدْ اَتَيْتُ نَبِيَّكَ مُسْتَغْفِرًا فَاسْئَلُكَ اَنْ تُوْجِبَ لِيَ الْمَغْفِرَةَ كَمَا اَوْجَبْتَهَا لِمَنْ اَتَاهُ فِيْ حَيَاتِهٖ اَللّٰهُمَّ اِنِّيْ اَتَوَجَّهُ اِلٰى نَبِيِّكَ ﷺ۔

ترجمہ: ”اے اللہ! آپ نے اپنی کتاب میں اپنے نبی ﷺ سے فرمایا: اور جب یہ اپنی جانوں پر ظلم کر بیٹھے تھے تو یہ آپ کے پاس آجاتے پھر اللہ سے مغفرت طلب کرتے اور رسول بھی ان کے لیے استغفار کرتے تو یہ ضرور اللہ کو بہت توبہ قبول کرنے والا، بے حد رحم فرمانیوالا پاتے“۔

اور بیشک میں آپ کے نبی کے پاس بخشش طلب کرتے ہوئے آگیا ہوں سو آپ میرے لیے مغفرت کو واجب کر دیجیے جیسا کہ

آپ نے اس کو واجب کیا تھا اس شخص کے لیے جو ان کی حیات مبارکہ میں ان کے پاس آتا اے اللہ! میں اپنا رخ آپ کے نبی ﷺ کی طرف کرتا ہوں۔

یہ دو دعائیں قبرِ اطہر پر حاضری کے وقت مانگے۔

یا اللہ! تو نے غلاموں کے آزاد کرنے کا حکم دیا ہے۔ یہ تیرے محبوب ہیں اور میں تیرا غلام ہوں۔ اپنے مجب کی قبر پر مجھ غلام کو آگ سے آزادی عطا فرما۔

یا اللہ آپ کے محبوب ہیں اور میں آپ کا غلام اور شیطان آپ کا دشمن اگر آپ میری مغفرت فرما دے تو آپ کے محب کا دل خوش ہو، آپ کا غلام کامیاب ہو جائے اور آپ کے دشمن کا دل تلملانے لگے۔ اور اگر آپ مغفرت نہ فرمائیں تو مغفرت نہ فرمائیں تو آپ کے محب کو رنج ہو آپ کا دشمن خاک ہو اور آپ کا غلام ہلاک ہو جائے۔ یا اللہ عرب کے کریم لوگوں کا دستور یہ ہے کہ جب اُن میں کوئی بڑا سردار مر جائے تو اس کی قبر پر غلاموں کو آزاد کیا کرتے ہیں اور یہ پاک ہستی سارے جہانوں

کی سردار ہے تو اس کی قبر پر مجھے آگ سے آزادی عطا فرما۔

(۴۵) کسی کی طرف سے سلام پیش کریں تو یہ پڑھیں:

اَلسَّلَامُ عَلَيْكَ يَا رَسُوْلَ اللهِ مِنْ (جس کی طرف سے سلام پیش کرنا ہو اُس کا نام یہاں پر لے) يَسْتَشْفِعُ بِكَ إِلٰى رَبِّكَ۔

(۴۶) بہت سے لوگوں کی طرف سے سلام پیش کریں تو یہ پڑھے:

اَلسَّلَامُ عَلَيْكَ يَا رَسُوْلَ اللهِ مِنْ جَمِيْعِ مَنْ اَوْ صَانِيْ بِالسَّلَامِ عَلَيْكَ۔

ترجمہ: ''اے اللہ رسول آپ پر سلام ہو ان سب کی طرف سے جنہوں نے مجھے آپ پر سلام بھیجنے کی تاکید کی تھی''۔

(۴۷) حضرت ابو بکر صدیق رضی اللہ عنہ کو مختصر سلام:

اَلسَّلَامُ عَلَيْكَ يَا خَلِيْفَةَ رَسُوْلِ اللهِ اَلسَّلَامُ عَلَيْكَ يَا اَبَا بَكْرِنِ الصِّدِّيْقِ رضی اللہ عنہ۔

ترجمہ: ''آپ پر سلامتی ہو اے خلیفہ رسول اللہ صلی اللہ علیہ وسلم اے ابو بکر صدیق رضی اللہ عنہ''۔

(۴۸) حضرت عمر فاروق رضی اللہ عنہ کو مختصر سلام:

اَلسَّلَامُ عَلَيْكَ يَا اَمِيْرَالْمُؤْمِنِيْنَ اَلسَّلَامُ عَلَيْكَ عُمَرَ اَلْفَارُوْق رضی اللہ عنہ۔

ترجمہ: ''آپ پر سلامتی ہو اے امیر المؤمنین آپ پر سلامتی ہو اے عمر فاروق رضی اللہ عنہ''۔

(۴۹) دونوں خلفاء کو ساتھ سلام:

اَلسَّلَامُ عَلَيْكُمَا يَا ضَجِيْعَيْ رَسُوْلِ اللهِ وَزِيْرَيْهِ جَزَا كُمَا اللهُ اَحْسَنَ الْجَزَآءِ جِئْنَا كُمَا نَتَوَسَّلُ۔ بِكُمْ اِلٰى رَسُوْلِ اللهِ صلی اللہ علیہ وسلم لِيَشْفَعَ لَنَا وَيَدْعُوْ لَنَا رَبَّنَا اَنْ يُّحْيِيْنَا عَلٰى مِلَّتِهٖ وَسُنَّتِهٖ وَيَحْشُرَنَا فِيْ زُمْرَتِهٖ وَجَمِيْعَ الْمُسْلِمِيْنَ۔

ترجمہ: ''سلام ہو اے اللہ کے رسول کے پہلو میں لیٹنے والوں اور ان کے دونوں وزیروں پر، اللہ تعالیٰ آپ دونوں کو بہترین بدلہ عطا فرمائیں۔ ہم آپ کے پاس آئے ہیں تاکہ ہم آپ کو وسیلہ بنائیں حضور اقدس صلی اللہ علیہ وسلم کے دربار میں تاکہ وہ ہماری سفارش فرمائیں اور ہمارے لیے ہمارے رب سے دعا فرمائیں یہ کہ وہ ہمیں زندہ رکھے اپنے دین پر، اور ان کی سنت پر اور ہمارا حشر فرمائے

(حضور ﷺ) کی جماعت اور تمام مسلمانوں کی جماعت میں۔

(۵۰) جنت البقیع کے پاس یہ پڑھے:

اَلسَّلَامُ عَلَیْكَ یَا اَھْلَ الْبَقِیْعِ۔

ترجمہ: ''سلام ہو آپ پر اے اہل بقیع''۔

(۵۱) سفر سے واپسی پر یہ پڑھے:

لَا اِلٰهَ اِلَّا اللّٰهُ وَحْدَهُ لَاشَرِیْكَ لَهُ الْمُلْكُ وَلَهُ الْحَمْدُ وَهُوَ عَلٰی كُلِّ شَیْءٍ قَدِیْرٌ۔

آئِبُوْنَ تَآئِبُوْنَ عَابِدُوْنَ سَاجِدُوْنَ سَائِحُوْنَ لِرَبِّنَا حَامِدُوْنَ صَدَقَ اللّٰهُ وَعْدَهُ وَنَصَرَ عَبْدَهُ هَزَمَ الْاَحْزَابَ وَحْدَهُ۔

ترجمہ: ''اللہ کے سوا کوئی معبود نہیں، وہ یکتا ہے، جس کا کوئی شریک نہیں، اسی کی بادشاہی ہے اور اسی کے لیے حمد ہے۔ وہ زندہ کرتا ہے اور موت دیتا ہے اور وہ ہر چیز پر قادر ہے''۔

''ہم لوٹنے والے، توبہ کرنے والے، عبادت کرنے والے، سجدہ کرنے والے، روزے رکھنے والے، اپنے رب کی حمد کرنے والے ہیں۔ اللہ تعالیٰ نے اپنا وعدہ سچ کر دکھایا، اُس

نے اپنے بندے (حضرت محمد ﷺ) کی مدد فرمائی، اور انہوں نے اکیلے ہی (اسلام دشمن) لشکروں کو شکست دی"۔

(۵۲) واپسی پر اپنے شہر میں داخل ہو تو یہ پڑھیں:

آئِبُوْنَ تَآئِبُوْنَ عَابِدُوْنَ لِرَبِّنَا حَامِدُوْنَ۔

ترجمہ: "ہم لوٹنے والے، توبہ کرنے والے، عبادت کرنے والے، اپنے رب کی حمد کرنے والے ہیں"۔

(۵۳) جب اپنے گھر میں داخل ہو تو یہ پڑھے:

اَوْبًا اَوْبًا لِرَبِّنَا تَوْبًا لَا یُغَادِرُ عَلَیْنَا حَوْبًا۔

ترجمہ: "ہم لوٹ آئے ہیں، ہم لوٹ آئے ہیں، توبہ کرتے ہوئے اپنے پروردگار سے (دعا کرتے ہوئے کہ) وہ ہمارے کسی گناہ کو باقی نہ چھوڑے"۔